全彩印刷大字版

弘一大師

李叔同說佛

李叔同◎著
豐子愷◎圖

八方出版

目錄

我在西湖出家的經過 · · · · · 005

弘一大師講演錄

改過實驗談 · · · · · · · · 013

律學要略 · · · · · · · · · 020

青年佛徒應注意的四項 · · · · 036

南閩十年之夢影 · · · · · · 046

最後之□□ · · · · · · · · 058

佛法十疑略釋 · · · · · · · 064

佛法宗派大概 · · · · · · · 073

佛法學習初步 · · · · · · · 080

佛教之簡易修持法 · · · · · · 088

普勸淨宗道侶兼持誦地藏經 · · · 095

略述印光大師之盛德 · · · · · 100

為性常法師掩關筆示法則 · · · · 106

佛法大意 · · · · · · · · · 110

授三歸依大意 · · · · · · · 115

敬三寶 · · · · · · · · · · 120

淨土法門大意 · · · · · · · · 125

淨宗問辨 · · · · · · · · 130

勸人聽鐘念佛文 · · · · · · · · 137

萬壽岩念佛堂開堂演詞 · · · · · · 141

藥師如來法門略錄 · · · · · · 146

藥師法門修持課儀略錄 · · · · · · 151

藥師如來法門一斑 · · · · · · 158

常隨佛學 · · · · · · · · 164

泉州開元慈兒院講錄 · · · · · · 169

改習慣 · · · · · · · · 175

放生與殺生之果報 · · · · · · 181

附錄：格言別錄 · · · · · · 188

李叔同詩集 · · · · · · 202

弘一大師行誼大事年表 · · · · 204

我在西湖出家的經過

　　杭州這個地方實堪稱為佛地，因為寺廟之多約有兩千餘所，可想見杭州佛法之盛了！

　　最近《越風》社要出關於《西湖》的增刊，由黃居士來函，要我做一篇《西湖與佛教之因緣》。我覺得這個題目的範圍太廣泛了，而且又無參考書在手，於短期間內是不能做成的。所以，現在就將我從前在西湖居住時，把那些值得追味的幾件事情來說一說，也算是紀念我出家的經過。

　　我第一次到杭州是光緒二十八年（西元一九〇二

年）七月（按：本篇所記的年月皆依舊曆）。在杭州住了約一個月光景，但是並沒有到寺院裡去過。只記得有一次到涌金門外去吃過一回茶，同時也就把西湖的風景稍微看了一下。

第二次到杭州是民國元年的七月。這回到杭州倒住得很久，一直住了近十年，可以說是很久的了。我的住處在錢塘門內，離西湖很近，只兩里路光景。在錢塘門外，靠西湖邊有一所小茶館名景春園。我常常一個人出門，獨自到景春園的樓上去吃茶。

民國初年，西湖的情形完全與現在兩樣——那時候還有城牆及很多柳樹，都是很好看的。除了春秋兩季的香會之外，西湖邊的人總是很少；而錢塘門外更是冷靜了。

在景春園樓下，有許多茶客都是那些搖船抬轎的勞者居多；而在樓上吃茶的就只有我一個人了。所以，我常常一個人在上面吃茶，同時還憑欄看著西湖的風景。

在茶館的附近，就是那有名的大寺院——昭慶寺了。我吃茶之後，也常常順便到那裡去看一看。

民國二年夏天，我曾在西湖的廣化寺裡住了好幾天。但是住的地方卻不在出家人的範圍之內，是在該寺的旁邊，有一所叫做痘神祠的樓上。

痘神祠是廣化寺專門為著要給那些在家的客人住的。我住在裡面的時候，有時也曾到出家人所住的地方去看看，心裡卻感覺很有意思呢！

記得那時我亦常常坐船到湖心亭去吃茶。

曾有一次，學校裡有一位名人來演講，我和夏丏尊

前面好青山・舟人不肯住。

尋求己過
不責人非

一音（印章）

專求己過，不責人非。

居士卻出門躲避，到湖心亭上去吃茶呢！當時夏丏尊對我說：「像我們這種人，出家做和尚倒是很好的。」我聽到這句話，就覺得很有意思。這可以說是我後來出家的一個遠因了。

到了民國五年的夏天，我因為看到日本雜誌中有說及關於斷食可以治療各種疾病，當時我就起了一種好奇心，想來斷食一下。因為我那時患有神經衰弱症，若實行斷食後，或者可以痊癒亦未可知。要行斷食時，需於寒冷的季候方宜。所以，我便預定十一月來作斷食的時間。

至於斷食的地點需先考慮一下，似覺總要有個很幽靜的地方才好。當時我就和西泠印社的葉品三君來商量，結果他說在西湖附近的虎跑寺可作為斷食的地點。我就問他：「既要到虎跑寺去，總要有人來介紹才對。究竟要請誰呢？」他說：「有一位丁輔之是虎跑的大護法，可以請他去說一說。」於是他便寫信請丁輔之代為介紹了。

因為從前的虎跑不像現在這樣熱鬧，而是遊客很少，且十分冷靜的地方啊。若用來作為我斷食的地點，可以說是最相宜的了。

到了十一月，我還不曾親自到過。於是我便託人到虎跑寺那邊去走一趟，看看在哪一間房裡住好。回來後，他說在方丈樓下的地方倒很幽靜的。因為那邊的房子很多，且平常時候都是關著，客人是不能走進去的；而在方丈樓

李叔同說佛

8

上，則只有一位出家人住著，此外並沒有什麼人居住。

等到十一月底，我到了虎跑寺，就住在方丈樓下的那間屋子裡。我住進去以後，常看見一位出家人在我的窗前經過（即是住在樓上的那一位）。我看到他卻十分的歡喜呢！因此，就時常和他談話；同時，他也拿佛經來給我看。

我以前從五歲時，即時常和出家人見面，時常看見出家人到我的家裡念經及拜懺。於十二、三歲時，也曾學了放焰口。可是並沒有和有道德的出家人住在一起；同時，也不知道寺院中的內容是怎樣的，以及出家人的生活又是如何。

這回到虎跑寺去住，看到他們那種生活，卻很歡喜而且羨慕起來了。

我雖然只住了半個多月，但心裡卻十分地愉快，而且對於他們所吃的菜蔬，更是歡喜吃。及回到學校以後，我就請佣人依照他們那樣的菜煮來吃。

這一次我到虎跑寺去斷食，可以說是我出家的近因了。到了民國六年的下半年，我就發心吃素了。

在冬天的時候，即請了許多的經，如《普賢行願品》、《楞嚴經》及《大乘起信論》等很多的佛經。自己的房裡，也供起佛像來，如地藏菩薩、觀世音菩薩等的像。於是亦天天燒

利關不破得失驚之，
名觀不破毀譽動之。

有才而性緩定屬大才
有智而氣和斯為大智。

香了。

到了這一年放年假的時候，我並沒有回家去，而到虎跑寺裡面去過年。我仍住在方丈樓下。那個時候，則更感覺得有興味了，於是就發心出家。同時就想拜那位住在方丈樓上的出家人做師父。

他的名字是弘詳師。可是他不肯我去拜他，而介紹我拜他的師父。他的師父是在松木場護國寺裡居住。於是他就請他的師父回到虎跑寺來，而我也就於民國七年正月十五日受三皈依了。

我打算於此年的暑假入山。預先在寺裡住了一年後再實行出家的。當這個時候，我就做了一件海青，及學習兩堂功課。

二月初五日那天，是我母親的忌日，於是我就先於兩天前到虎跑去，誦了三天的《地藏經》，為我的母親迴向。

到了五月底，我就提前先考試。考試之後，即到虎跑寺入山了。到了寺中一日以後，即穿出家人的衣裳，而預備轉年再剃度。

及至七月初，夏丐尊居士來。他看到我穿出家人的衣裳但還未出家，他就對我說：「既住在寺裡面，並且穿了出家人的衣裳，而不出家，那是沒有什麼意思的。所以還是趕緊剃度好！」

我本來是想轉年再出家的，但是承他的勸，於是就趕緊出家了。七月十三日那一天，

李叔同說佛

10

不畏浮雲遮望眼，自緣身在最高層。

從前種種譬如昨日死，
從後種種譬如今日生。

相傳是大勢至菩薩的聖誕，所以就在那天落髮。

落髮以後仍需受戒的，於是由林同莊君介紹，到靈隱寺去受戒了。

靈隱寺是杭州規模最大的寺院，我一向是很歡喜的。我出家以後，曾到各處的大寺院看過，但是總沒有像靈隱寺那麼好！

八月底，我就到靈隱寺去，寺中的方丈和尚很客氣，叫我住在客堂後面芸香閣的樓上。當時是由慧明法師做大師父的。有一天，我在客堂裡遇到這位法師了。他看到我時就說：「既係來受戒的，為什麼不進戒堂呢？雖然你在家的時候是讀書人，但是讀書人就能這樣地隨便嗎？就是在家時是一個皇帝，我也是一樣看待的！」那時方丈和尚仍是要我住在客堂樓上，而於戒堂裡有了緊要的佛事時，方去參加一兩回的。

那時候，我雖然不能和慧明法師時常見面，但是看到他那樣的忠厚篤實，卻是令我佩服不已的！

受戒以後，我就住在虎跑寺內。到了十二月，即搬到玉泉寺去住。此後即常常到別處去，沒有久住在西湖了。

李叔同說佛

12

弘一大師講演錄

改過實驗談
癸酉正月在廈門妙釋寺講

今值舊曆新年，請觀廈門全市之中，新氣象充滿，門戶貼新春聯，人多著新衣，口言恭賀新喜、新年大吉等。我等素信佛法之人，當此萬象更新時，亦應一新乃可。我等所謂新者何，亦如常人貼新春聯、著新衣等以為新乎？曰：不然。我等所謂新者，乃是改過自新也。但「改過自新」四字範圍太廣，若欲演講，不知從何說

起。今且就余五十年來修省改過所實驗者，略舉數端爲諸君言之。

余於講說之前，有須預陳者，即是以下所引諸書，雖多出於儒書，而實合於佛法。因談玄說妙修證次第，自以佛書最爲詳盡。而我等初學之人，持躬敦品、處事接物等法，雖佛書中亦有說者，但儒書所說，尤爲明白詳盡適於初學。故今多引之，以爲吾等學佛法者之一助焉。以下分爲總論別示二門。

總論者即是說明改過之次第：

一、學

須先多讀佛書儒書，詳知善惡之區別及改過遷善之法。倘因佛儒諸書浩如煙海，無力遍讀，而亦難於瞭解者，可以先讀《格言聯璧》一部。余自兒時，即讀此書。歸信佛法以後，亦常常翻閱，甚覺其親切而有味也。此書佛學書局有排印本甚精。

二、省

既已學矣，即須常常自己省察，所有一言一動，爲善歟，爲惡歟？若爲惡者，即當痛改。除時時注意改過之外，又於每日臨睡時，再將一日所行之事，詳細思之。能每日寫錄日記，尤善。

三、改

省察以後，若知是過，即力改之。諸君應知改過之事，乃是十分光明磊落，足以表示偉大之人格。故子貢云：「君子之過也，如日月之食焉；過也人皆見之，更

●新衣新面不如新其心。

●不可以個人利害評判善惡。

●有過未改，便需盡人皆知，以敦促也。

李叔同說佛

14

也人皆仰之。」又古人云：「過而能知，可以謂明。知而能改，可以即聖。」諸君可不勉乎！

別示者，即是分別說明余五十年來改過遷善之事。但其事甚多，不可勝舉。今且舉十條為常人所不甚注意者，先與諸君言之。華嚴經中皆用十之數目，乃是用十以表示無盡之意。今余說改過之事，僅舉十條，亦爾；正以示余之過失甚多，實無盡也。此次講說時間甚短，每條之中僅略明大意，未能詳言，若欲知者，且俟他日面談耳。

一、虛心

常人不解善惡，不畏因果，決不承認自己有過，更何論改？但古聖賢則不然。今舉數例：孔子曰：「五十以學易，可以無大過矣。」又曰：「聞義不能徙，不善不能改，是吾憂也。」蘧伯玉為當時之賢人，彼使人於孔子。孔子與之坐而問焉，曰：「夫子何為？」對曰：「夫子欲寡其過而未能也。」聖賢尚如此虛心，我等可以貢高自滿乎！

二、慎獨

吾等凡有所作所為，起念動心，佛菩薩乃至諸鬼神等，無不盡知盡見。若時時作如是想，自不敢胡作非為。曾子曰：「十目所視，十手所指，其嚴乎！」又引詩云：「戰戰兢兢，如臨深淵，如履薄冰。」此數語為余所常常憶念不忘者也。

●便宜多了就不便宜，別人都會看輕你。

三、寬厚

造物所忌，曰刻曰巧。聖賢處事，惟寬惟厚。古訓甚多，今不詳錄。

四、吃虧

古人云：「我不識何等為君子，但看每事肯吃虧的便是。我不識何等為小人，但看每事好便宜的便是。」古時有賢人某臨終，子孫請遺訓，賢人曰：「無他言，爾等只要學吃虧。」

五、寡言

●做錯就該被人譴責，掩飾只能錯上加錯。

此事最為緊要。孔子云：「駟不及舌」，可畏哉！古訓甚多，今不詳錄。

六、不說人過

古人云：「時時檢點自己且不暇，豈有功夫檢點他人。」孔子亦云：「躬自厚而薄責於人。」以上數語，余常不敢忘。

七、不文己過

●不辯不爭心自明，愈塗只會愈黑。

子夏曰：「小人之過也必文。」我眾須知文過乃是最可恥之事。

八、不覆己過

我等倘有得罪他人之處，即須發大慚愧，生大恐懼。發露陳謝，懺悔前愆。萬不可顧惜體面，隱忍不言，自誑自欺。

李叔同說佛

16

九、聞謗不辯

古人云：「何以息謗？曰：無辯。」又云：「吃得小虧，則不至於吃大虧。」余三十年來屢次經驗，深信此數語真實不虛。

十、不瞋

瞋習最不易除。古賢云：「二十年治一怒字，尚未消磨得盡。」但我等亦不可不盡力對治也。《華嚴經》云：「一念瞋心，能開 萬障門。」可不畏哉！

●如有神助，只看誠心。

因限於時間，以上所言者殊略，但亦可知改過之大意。最後，余尚有數言，願為諸君陳者：改過之事，言之似易，行之甚難。故有屢改而屢犯，自己未能強作主宰者，實由無始宿業所致也。務請諸君更須常常持誦阿彌陀佛名號，觀世音地藏諸大菩薩名號，至誠至敬，懇切懺悔無始宿業，冥冥中自有不可思議之感應。承佛菩薩慈力加被，業消智朗，則改過自新之事，庶幾可以圓滿成就，現生優入聖賢之域，命終往生極樂之邦，此可為諸君預賀者也。

常人於新年時，彼此晤面，皆云恭喜，所以賀其將得名利。余此次於新年時，與諸君晤面，亦云恭喜，所以賀諸君將能真實改過不久將為賢為聖；不久決定往生極樂，速成佛道，分身十方，普能利益一切眾生耳。

人散後，一鉤新月天如水。

手持金剛鎖領眷屬龍王

大聖右執

法界源流圖（局部）

律學要略
乙亥十一月在泉州承天寺律儀法會講萬泉記錄

●謙和之心，
方是大師之
道。

　　我出家以來，在江浙一帶並不敢隨便講經或講律，
更不敢赴什麼傳戒的道場，其緣故是因個人感覺著學力
不足。三年來在閩南雖曾講過些東西，自心總覺非常慚
愧的。這次本寺諸位長者再三地喚我來參加戒期勝會，
情不可卻，故今天來與諸位談談，但因時間匆促，未能
預備，參考書又缺少，兼以個人精神衰弱，擬在此共講
三天。今天先專為求授比丘戒者講些律宗歷史，他人旁

聽，雖不能解，亦是種植善根之事。

　　爲比丘者應先了知戒律傳入此土之因緣，及此土古今律宗盛衰之大概。由東漢至曹魏之初，僧人無歸戒之舉，惟剃髮而已。魏嘉平年中，天竺僧人法時到中土，乃立羯磨受法，是爲戒律之始。當是時可算是眞實傳授比丘戒的開始，漸漸達至繁盛時期。

　　大部之廣律，最初傳來的是《十誦律》，翻譯斯部律者，係姚秦時的鳩摩羅什法師，廬山淨宗初祖遠公法師亦竭力勸請讚揚。六朝時此律最盛於南方。其次翻譯的是《四分律》，時期和《十誦律》相去不遠，但遲至隋朝乃有人弘揚提倡，至唐初乃大盛。第三部是《僧祇律》，東晉時翻譯的，六朝時北方稍有弘揚者。劉宋時繼《僧祇律》後，有《五分律》，翻譯斯律之人，即是譯六十卷《華嚴經》者，文精而簡，道宣律師甚讚，可惜罕有人弘揚。至其後有《有部律》，乃唐武則天時義淨法師的譯著，即是西藏一帶最通行的律。當初義淨法師在印度有二十餘年的歷史，博學強記，貫通律學精微，非至印度之其他僧人所能及，實空前絕後的中國大律師。義淨回國，翻譯終畢，他年亦老了，不久即圓寂，以後無有人弘揚，可惜！可惜！此外諸部律論甚多，不遑枚舉。

　　關於《有部律》，我個人起初見之甚喜，研究多年；以後因朋友勸告即改研《南山律》，其原因是《南山律》依《四分律》而成，又稍有變化，能適合吾國僧衆之根器故。現在我即專就《四分律》之歷史大略說些。

　　唐代是《四分律》最盛時期，以前所弘揚的是《十

●戒律條文至簡，而內涵甚深，嚴守則可生脫胎換骨之效。

誦律》，《四分律》少人弘揚；至唐初《四分律》學者乃盛，共有三大派：一《相部律》，依法礪律師為主；二《南山律》，以道宣律師為主；三《東塔律》，依懷素律師為主。法礪律師在道宣之前，道宣曾就學於他。懷素律師在道宣之後，亦曾親近法礪道宣二律師。斯律雖有三大派之分，最盛行於世的可算《南山律》了。南山律師著作浩如煙海，其中《行事鈔》最負盛名，是時任何宗派之學者皆須研行事鈔；自唐至宋，解者六十餘家，惟靈芝元照律師最勝，元照律師尚有許多其他經律的注釋。元照後，律學漸漸趨於消沉，罕有人發心弘揚。

南宋後禪宗益盛，律學更無人過問，所有唐宋諸家的律學撰述數千卷悉皆散失；迨至清初，惟存《南山隨機羯磨》一卷，如是觀之，大足令人興歎不已！明末清初有蕅益、見月諸大師等欲重興律宗，但最可憾者，是唐宋古書不得見。當時蕅益大師著述有《毗尼事義集要》，初講時人數已不多，以後更少；結果成績頹然。見月律師弘律頗有成績，撰述甚多，有解《隨機羯磨》者，毗尼作持，與南山頗有不同之處，因不得見南山著作故！此外尚有最負盛名的《傳戒正範》一部，從明末至今，傳戒之書獨此一部，傳戒尚存之一線曙光，惟賴此書；雖與南山之作未能盡合，然其功甚大，不可輕視；但近代受戒儀軌，又依此稍有增減，亦不是見月律師傳戒正範之本來面目了。

南宋至清七百餘年，關於唐宋諸家律學撰述，可謂無存；清光緒末年乃自日本請還唐宋諸家律書之一部分，近十餘年間，在天津已刊者數百卷。此外續藏經中

所收尚未另刊者，猶有數百卷。

今後倘有人發心專力研習弘揚，可以恢復唐代之古風，凡蕅益、見月等所欲求見者今悉俱在；我們生此時候，實比蕅益、見月諸大師幸福多多。

但學律非是容易的事情，我雖然學律近二十年，僅可謂為學律之預備，窺見了少許之門徑；再預備數年，乃可著手研究，以後至少須研究二十年，乃可稍有成績。奈我現在老了，恐不能久住世間，很盼望你們有人能發心專學戒律，繼我所未竟之志，則至善矣。

我們應知道：現在所流通之傳戒正範，非是完美之書，何況更隨便增減，所以必須今後恢復古法乃可；此皆你們的責任，我甚希望大家共同勉勵進行！

今天續講三皈、五戒、乃至菩薩戒之要略。

三皈、五戒、八戒、沙彌沙彌尼戒、式叉摩那戒、比丘比丘尼戒、菩薩戒等，就普通說，菩薩戒為大乘，餘皆小乘，但亦未必盡然，應依受者發心如何而定。我近來研究南山律，內中有云：「無論受何戒法，皆要先發大乘心。」由此看來，哪有一種戒法專名為小乘的呢！再就受戒方法論，如：三皈、五戒、沙彌沙彌尼戒，皆用三皈依受；至於比丘比丘尼戒、菩薩戒，則須依羯磨文受；又如式叉摩那，則是作羯磨與學戒法，不是另外得戒，與上不同。再依在家出家分之：就普通說，在家如三皈、五戒、八戒等，出家如沙彌比丘等，實而言之，三皈、五戒、八戒，皆通在家出家。諸位聽著這話，或當懷疑，今我以例證之，如：明靈峰蕅益大師，他初亦受比丘戒，後但退作三皈人，如是言之，只有三皈亦可算出家人。

不是一番寒徹骨，怎得梅
花撲鼻香。

●皈依者，有物可依。

又若單五戒亦可算出家人，因剃髮以後，必先受五戒，後再受沙彌戒，未受沙彌戒前，止是五戒之出家人。故五戒通於在家出家，有在家優婆塞、出家優婆塞之別；例如：明蕅益大師之大弟子成時、性旦二師，皆自稱為出家優婆塞。成時大師為編輯《淨土十要》及《靈峰宗論》者，性旦大師為記錄彌陀要解者，皆是明末的高僧。

八戒何為亦通在家出家？《藥師經》中說：比丘亦可受八戒，比丘再受八戒為欲增上功德故。這樣看起來，八戒亦通於僧俗。

以上略判竟，以下一一分別說之。

三皈

不屬於戒，僅名三皈。三皈者：皈依佛，皈依法，皈依僧。未受以前必須要瞭解三皈道理，並非糊裡糊塗地盲從瞎說，如這樣子皆不得三皈。

所謂三寶有四種之別，一理體三寶，二化相三寶，三住持三寶，四一體三寶。盡講起來很深奧複雜，現在且專就住持三寶來說。三寶意義是什麼？佛，法，僧。所謂佛即形像，如：釋迦佛像、藥師佛像、彌陀佛像等；法即佛所說之經，如：《法華經》、《楞嚴經》等，皆佛金口所流露出來之法；僧即出家剃髮受戒有威儀之人。以上所說佛、法、僧道理，可謂最淺近，諸位諒皆能明瞭吧。

24

皈依即回轉的意義，因前背舍三寶，而今轉向三寶，故謂之皈依。但無論出家在家之人，若受三皈時，最重要點有二：第一要注意皈依三寶是何意義？第二當受三皈時，師父所說應當十分明白，或師父所講的話，全是文言不能瞭解，如是決不能得三皈；或隔離太遠，聽不明白亦不得三皈；或雖能聽到大致瞭解，其中尚有一二懷疑處，亦不得三皈。又正授之時，即是「皈依佛」、「皈依法」、「皈依僧」三說，此最要緊，應十分注意；以後之「皈依佛竟」，「皈依法竟」，「皈依僧竟」，是名三結，無關緊要；所以諸位發心受戒，應先了知三皈意義，又當正授時，要在先「皈依佛」等三語注意，乃可得三皈。

以上三皈說已。下說五戒。

五戒

就五戒言，亦要請師先為說明。五戒者：殺，盜，淫，妄，酒。當師父說明五戒意義時，切要用白話，淺近明瞭，使人易懂。受戒者聽畢，應先自思量如是諸戒能持否，若不能全持，或一，或二，或三，或四，皆可隨意；寧可不受，萬不可受而不持！且就殺生而論，未受戒者，犯之本應有罪，若已受不殺戒者犯之，則罪更加重一倍，可怕不可怕呢！你們試想一想，如果不能受持，勉強敷衍，實是自尋煩惱！據我思之：五戒中最容易持的，是：不邪淫，不飲酒；諸位可先受這兩條最為穩當；至於殺與妄語，有大小之分，大者雖不易犯，小者實為難持；又五戒中最為難持的莫如盜戒，非於盜戒戒相研究十分明瞭之後，萬不可率爾而

●需得放下自我，不以我見為必是。

●全心依靠一種更大的力量，什麼都聽它的。

●受而不持等於明知故犯。

律學要略

25

●捨去恰恰是因為重視。

一言有益於己
便應著眼銘心
一音

一言有益於己，
便應著眼銘心。

●便如生命的烙印，永不磨滅。

李叔同
說佛

26

受。所以我盼望諸位對於盜戒一條緩緩再說，至要！至要！但以現在傳戒情形看起來，在這許多人眾集合場中，實際上是不能如上一一別受；我想現在受五戒時，不妨合眾總受五戒，俟受戒後，再自己斟酌取捨，亦未為不可；於自己所不能奉持的數條，可以在引禮師前或俗人前捨去，這樣辦法，實在十分妥當，在授者減麻煩，諸位亦可免除煩惱。另外還有一句要緊的話，倘有人懷疑於此大眾混雜擾亂之時，心中不能專一注想，或恐猶未得戒者，不妨請性願老法師或其他善知識，再為重授一次，他們當即慈悲允許。諸位！你們萬不可輕視三皈五戒！我有句老實話對諸位說：菩薩戒不是容易得的，沙彌戒及比丘戒是不能得的，無論出家或在家人所希望者，惟有三皈五戒，我們倘能得三皈五戒，那就是很好的了。因受持五戒，來生定可為人；既能持五戒，再說念阿彌陀佛名號，求生西方，臨終時定能往西方極樂世界，豈不甚好。就我自己而論，對於菩薩戒是有名無實，沙彌戒及比丘戒決定未得；即以五戒而言，亦不敢說完全，止可謂為出家多分優婆塞而已。所以我盼望諸位要注意三皈五戒；當受五戒，應知於前說三皈正得戒體，最宜注意；後說五戒戒相為附屬之文，不是在此時得戒。又須請師先為說明五戒之廣狹；例如：飲酒一戒，不惟不飲泉州酒店之酒，凡盡法界虛空界之戒緣境酒，皆不可飲。殺，盜，

淫，妄，亦復如是。所以受戒功德普遍法界，實非人力所能思議。

寶華山見月律師所編三皈五戒正範，所有開示多用駢體文，聞者萬不能瞭解，等於虛文而已；最好請師譯成白話。此外我更附帶言之：近有為人授五戒者於不飲酒後加不吸煙一句，但這不吸煙可不必加入；應另外勸告，不應加入五戒文中。

以上說五戒畢，以下講八戒。

八戒

具云八關齋戒。「關」者禁閉非逸，關閉所有一切非善事。「齋」是清的意思，絕諸一切雜想事。八關齋戒本有九條，因其中第七條包含兩條，故合計為八條。前五與五戒同，後三條是另加的。後加三者，即：第六，華香瓔珞香油塗身，這是印度美麗裝飾之風俗，我國只有花香，並無瓔珞等；但所謂香如吾國香粉、香水、香牙粉、香牙膏及香皂等，皆不可用。

第七，高勝床上坐，作倡伎樂故往觀聽。這就是兩條合為一條的；現略為分析：「高」是依佛制度，坐臥之床腳，最高不能超過一尺六寸；「勝」是指金銀牙角等之裝飾，此皆不可。但在他處不得已的時候，暫坐可開：佛制是專為自製的，須結正罪，如別人已作成功的，不是自製的，罪稍輕。作倡伎樂故往觀聽，

臨事須替別人想
論人先將自己想

臨事須替別人想，
論人先將自己想。

會心當處即是，
泉水在山乃清。

● 古代僧人做得要好得
多。

音樂影戲等皆屬此條；所謂故往觀聽之「故」字要注意，於無意中偶然聽到或看見的不犯。以上高勝床上坐，作倡伎樂故往觀聽，共合為一條。受八關齋戒的人，皆不可為。

第八，非時食。佛制受八關齋戒後，自黎明至正午可食，倘越時而食，即叫做非時食。即平常所說的「過午不食」。但正午後，不單是飯等不可食，如牛奶、水果等均不可用。如病重者，於不得已中，可在大家看不到地方開食粥等。

受八關齋戒，普通於六齋日受；六齋日者，即：初八，十四，十五，廿三，及月底最後二日；倘能發心日日受，那是最好不過了。受時要在每天晨起時，期限以一日一夜——天亮時至夜，夜至明早。——受八關齋戒後，過午不食一條，應從今天正午後至明日黎明時皆不可食。又八戒與菩薩戒比較別的戒有區別；因為八戒與菩薩戒，是頓立之戒。（但上說的菩薩戒，是局就梵網瓔珞等而說的；若依瑜伽戒本，則屬於漸次之戒。）這是什麼緣故呢？未受五戒、沙彌戒、比丘戒，皆可即受菩薩戒或八戒，故曰頓立；若漸次之戒，必依次第，如先五戒，次沙彌戒，次比丘戒，層層上去的。以上所說八關齋戒，外江居士受的非常之多；我想閩南一帶，將來亦應當提倡提倡！若嫌每月六日太多，可減至一日或兩日亦無不可；因僅受一日，即有極大功德，何況六日全

受呢！

沙彌戒

沙彌戒諸位已知道了吧？此乃正戒，共十條。其中九條同八戒，另加手不捉錢寶一條，合而爲十。但手不捉錢寶一條，平常人不明白，聽了皆怕；不知此不捉錢寶是易持之戒，律中有方便辦法，叫做「說淨」，經過說淨的儀式後，亦可照常自己捉持：最爲繁難者，是正戒十條外於比丘戒亦應學習，犯者結罪。我初出家時不曉得，後來學律才知道。這樣看起來，持沙彌戒亦是不容易的一回事。

沙彌尼戒

即女眾，法戒與沙彌同。

式叉摩那戒

梵語式叉摩那，此云學法女；外江各叢林，皆謂在家貞女爲式叉摩那，這是錯誤的。閩南這邊，那年開元寺傳戒時，對於貞女不稱式叉摩那，只用貞女之名，這是很通；平常人多不解何者爲式叉摩那，我現在略爲解釋一下。

哪一種人可以受式叉摩那戒呢？要已受沙彌尼戒的人於十八歲時，受式叉摩那法，學習二年，然後再受比丘尼戒；因爲佛制二十歲乃可受戒，於十八歲時，再學二年正當二十歲。於二年學習時，僧作羯磨，與學戒法；二年學畢乃可受比丘尼戒；但式叉摩那要學三法：一學根本法，——即四重戒。二學六法，——染

● 要點在於心中不染銅臭。

立志如大山
種德若深海。

方便行於世
寂靜調其心

十遍三

二羅世間

方便行於世，
寂靜調其心。

●得戒何其難！

●從民國至今的百餘年，
不知斷絕的僧種續上了多
少？

李叔同說佛

心相觸，盜減五錢，斷畜命，小妄語，非時食，飲酒。三學行法，——大尼諸戒，及威儀。

此僅是受學戒法，非另外得戒，故與他戒不同。以下講比丘戒。

比丘戒

因時間很短，現在不能詳細說明，惟有幾句要緊話先略說之：

我們生此末法時代，沙彌戒與比丘戒皆是不能得的，原因甚多甚多！今且舉出一種來說，就是沒有能授沙彌戒比丘戒的人；若受沙彌戒，須二比丘授，比丘戒至少要五比丘授；倘若找不到比丘的話，不單比丘戒受不成，沙彌戒亦受不成。我有一句很傷心的話要對諸位講：從南宋迄今六、七百年來，或可謂僧種斷絕了！以平常人眼光看起來，以為中國僧眾很多，大有達至幾百萬之概；據實而論，這幾百萬中，要找出一個真比丘，怕也是不容易的事！如此怎樣能受沙彌比丘戒呢？既沒有能授戒的人，如何會得戒呢？我想諸位聽到這話，心中一定十分掃興；或以為既不得戒，我們白吃辛苦，不如早些回去好，何必在此辛辛苦苦做這種極無意味的事情呢？但如此懷疑是大不對的：我勸諸位應好好地、鎮靜地在此受沙彌戒比丘戒才是！雖不得戒，亦能種植善根，兼學種種威儀，豈不是好；又若想將來學律，必先掛名受沙彌比丘戒，否則以白衣學律，必受他人譏評：所以你們在這兒發心受沙彌比丘戒

是很好的！

　　這次本寺諸位長老喚我來講律學大意，我感著有種種困難之點；這是什麼緣故？比方我在這兒，不依據佛所說的道理講，一味地隨順他人顧惜情面敷衍了事，豈不是我害了你們嗎！若依實在的話與你們講，又恐怕因此引起你們的懷疑；所以我覺著十分困難。因此不得已，對於諸位分作兩種說法：

　　1.老實不客氣地，必須要說明受戒真相，恐怕諸位出戒堂後，妄自稱爲沙彌或比丘，致招重罪，那是不得了的事情！我有種比方，譬如：泉州這地方有司令官等，不識相的老百姓亦自稱我是司令官，如司令官等聽到，定遭不良結果，說不定有槍斃之危險！未得沙彌比丘戒者，妄自稱爲沙彌或比丘，必定遭惡報，亦就是這個道理。我爲著良心的驅使，所以要對諸位說老實話。

　　2.以現在人情習慣看起來，我總勸諸位受戒，掛個虛名，受後俾可學律；不然，定招他人誹謗之虞；這樣的說，諸位定必明瞭吧。

　　更進一層說，諸位中若有人真欲紹隆僧種，必須求得沙彌比丘戒者，亦有一種特別的方法；即是如蕅益大師禮占察懺儀，求得清淨輪相，即可得沙彌比丘戒；除此以外，無有辦法。故蕅益大師云：「末世欲得淨戒，舍此占察輪相之法，更無別途。」因爲得清淨輪相之後，即可自誓總受菩薩戒而沙彌比丘戒皆包括在內，以後即可稱爲菩薩比丘。禮占察懺得清淨輪相，雖是極不容易的事，倘諸位中有真發大心者，亦可奮力進行，這是我最希望你們的。以下說比丘尼戒：

● 可見人的理不是佛的理，慎辯之！

● 不妄稱者有幾人？

● 學佛總要依照佛的標準，不然你學什麼呢？

事能知足心常愜，
人到無求品自高。

32

比丘尼戒

現在不能詳說。依據佛制，比丘尼戒要重複受兩次：先依尼僧授本法，後請大僧正授，但正得戒時，是在大僧正授時；此法南宋以後已不能實行了。最後說菩薩戒。

菩薩戒

為著時間關係，亦不能詳說。現在略舉三事：

1.要有菩薩種性，又能發菩提心，然後可受菩薩戒。什麼是種呢？就簡單來說，就是多生以來所成就的資格。所以當受戒時，戒師問：「汝是菩薩否？」應答曰：「我是菩薩！」這就是菩薩種性。戒師又問：「既是菩薩，已發菩提心否？」應答曰：「已發菩提心。」這就是發菩提心。如這樣子才能受菩薩戒。

2.平常人受菩薩戒者皆是全受；但依瓔珞本業經，可以隨身分受，或一或多；與前所說的受五戒法相同。

3.犯相重輕，依舊疏新疏有種種差別，應隨個人力量而行；現以例說，如：妄語戒，舊疏說大妄語乃犯波羅夷罪，新疏說，小妄語即犯波羅夷罪。至於起殺盜淫妄之心，即犯波羅夷，乃是為地上菩薩所制。我等凡夫是做不到的。

所謂菩薩戒雖不易得，但如有真誠之心，亦非難事；且可自誓受，不比沙彌比丘戒必須要請他人授；因為菩薩戒、五戒、八戒皆可自

誓受，所以我們頗有得菩薩戒之希望！

　　今天律學要略講完，我想在其中有不妥當處或錯誤處，還請諸位原諒。最後我尚有幾句話：諸位在此受戒很好。在近代說，如外江最有名望的地方，雖有傳戒，實不及此地完備，這是這裡辦事很有熱心，很有精神，很有秩序，誠使我佩服，使我讚美。就以講律來說，此地戒期中講沙彌律、比丘戒本、梵網經，他方是難有的。幾年前泉州大開元寺於戒期中提倡講律，大家皆說是破天荒的舉動。本寺此次傳戒之美備，實與數年前大開元寺相同；並有露天演講，使外人亦有種植善根之機緣，誠辦事周到之處。本年天災頻仍，泉州亦不在例外，在人心慘痛、境遇蕭條的狀況中，本寺居然以極大規模，很圓滿地開戒，這無非是諸位長老及大護法的道德感化所及。我這次到此地，心實無限歡喜，此是實話，並非捧場；此次能碰著這大機緣與諸位相聚，甚慰衷懷，最後還要與諸位恭喜。

不近人情，舉足盡是危機；不體物情，一生俱成夢境。

● 不知百年以來，後續如何？

和修吉龍王　難陁龍王

沙竭海龍王　白難陀龍王　手持金剛統領眷屬龍王

法界源流圖（局部）

青年佛徒應注意的四項
丙子正月開學日在南普陀寺佛教養正院講

養正院從開辦到現在，已是一年多了。外面的名譽很好，這因爲由瑞金法師主辦，又得各位法師熱心愛護，所以能有這樣的成績。

我這次到廈門，得來這裡參觀，心裡非常歡喜。各方面的布置都很完美，就是地上也掃得乾乾淨淨的，這樣，在別的地方，很不容易看到。

我在泉州草庵大病的時候，承諸位寫一封信來，各

●一毫不肯居功，而功不去。

李叔同說佛

36

人都簽了名，慰問我的病狀；並且又承諸位念佛七天，代我懺悔，還有像這樣別的事，都使我感激萬分！

再過幾個月，我就要到鼓浪嶼日光岩去方便閉關了。時期大約頗長久，怕不能時時會到，所以特地發心來和諸位敘談敘談。

今天所要和諸位談的，共有四項：一是惜福，二是習勞，三是持戒，四是自尊，都是青年佛徒應該注意的。

一、惜福

「惜」是愛惜，「福」是福氣。就是我們縱有福氣，也要加以愛惜，切不可把它浪費。諸位要曉得：末法時代，人的福氣是很微薄的：若不愛惜，將這很薄的福享盡了，就要受莫大的痛苦，古人所說「樂極生悲」，就是這意思啊！我記得從前小孩子的時候，找父親請人寫了一副大對聯，是清朝劉文定公的句子，高高地掛在大廳的抱柱上，上聯是「惜食，惜衣，非為惜財緣惜福」。我的哥哥時常教我念這句子，我念熟了，以後凡是臨到穿衣或是飲食的當兒，我都十分注意，就是一粒米飯，也不敢隨意糟掉；而且我母親也常常教我，身上所穿的衣服當時小心，不可損壞或污染。這因為母親和哥哥怕我不愛惜衣食，損失福報以致短命而死，所以常常這樣叮嚀著。

● 感激心便是佛心。

● 我們每天的享受，是在消耗自己生命永久的未來。

幾人相憶在江樓。

　　諸位可曉得，我五歲的時候，父親就不在世了！七歲我練習寫字，拿整張的紙瞎寫；一點不知愛惜，我母親看到，就正顏厲色地說：「孩子！你要知道呀！你父親在世時，莫說這樣大的整張的紙不肯糟蹋，就連寸把長的紙條，也不肯隨便丟掉哩！」母親這話，也是惜福的意思啊！

　　我因為有這樣的家庭教育，深深地印在腦裡，後來年紀大了，也沒一時不愛惜衣食；就是出家以後，一直到現在，也還保守著這樣的習慣。諸位請看我腳上穿的一雙黃鞋子，還是一九二○年在杭州時候，一位打念佛七的出家人送給我的。又諸位有空，可以到我房間裡來看看，我的棉被面子，還是出家以前所用的；又有一把洋，也是一九一一年買的。這些東西，即使有破爛的地方，請人用針線縫縫，仍舊同新的一樣了。簡直可盡我形壽受用著哩！不過，我所穿的小衫褲和羅漢草鞋一類的東西，卻須五、六年一換，除此以外，一切衣物，大都是在家時候或是初出家時候製的。

　　從前常有人送我好的衣服或別的珍貴之物，但我大半都轉送別人。因為我知道我的福薄，好的東西是沒有膽量受用的。又如吃東西，只生病時候吃一些好的，除此以外，從不敢隨便亂買好的東西吃。

　　惜福並不是我一個人的主張，就是淨土宗大德印光老法師也是這樣，有人送他白木耳等補品，他自己總不願意吃，轉送到觀宗寺去供養諦閑法師。別人問他：「法師！你為什麼不吃好的補品？」他說：「我福氣很薄，不堪消受。」

　　他老人家——印光法師，性情剛直，平常對人只問

理之當不當，情面是不顧的。前幾年有一位皈依弟子，是鼓浪嶼有名的居士，去看望他，和他一道吃飯，這位居士先吃好，老法師見他碗裡剩落了一兩粒米飯；於是就很不客氣地大聲呵斥道：「你有多大福氣，可以這樣隨便糟蹋飯粒！你得把它吃光！」

●粒米之過，抵得受一頓苛責。

　　諸位！以上所說的話，句句都要牢記！要曉得：我們即使有十分福氣，也只好享受三分，所餘的可以留到以後去享受。諸位或者能發大心，願以我的福氣，佈施一切眾生，共同享受，那更好了。

二、習勞

　　「習」是練習，「勞」是勞動。現在講講習勞的事情：

●利他方能利我。

　　諸位請看看自己的身體，上有兩手，下有兩腳，這原為勞動而生的。若不將他運用習勞，不但有負兩手兩腳，就是對於身體也一定有害無益的。換句話說：若常常勞動，身體必定康健。而且我們要曉得：勞動原是人類本分上的事，不惟我們尋常出家人要練習勞動，即使到了佛的地位，也要常常勞動才行，現在我且講講佛的勞 的故事。

●勞動是上天給人規定的生活方式。

　　所謂佛，就是釋迦牟尼佛。在平常人想起來，佛在世時，總以為同現在的方丈和尚一樣，有衣缽師、侍者師常常侍候著，佛自己不必做什麼；但是不然，有一天，佛看到地上不很清潔，自己就拿起掃帚來掃地，許多大弟子見了，也過來幫掃，不一時，把地掃得十分清潔。佛看了歡喜，隨即到講堂裡去說法，說道：「若人掃地，能得五種功德⋯⋯」

　　又有一個時候，佛和阿難出外遊行，在路上碰到一個喝醉了酒的弟子，已醉得不省人事了；佛就命阿難抬腳，自己抬頭，一直抬到井邊，用桶吸水，叫阿難把他洗濯乾淨。

　　有一天，佛看到門前木頭做的橫楣壞了，自己動手去修補。

　　有一次，一個弟子生了病，沒有人照應，佛就問他說：「你生了病，爲什麼沒人照應你？」那弟子說：「從前人家有病，我不曾發心去照應他；現在我有病，所以人家也不來照應我了。」佛聽了這話，就說：「人家不來照應你，就由我來照應你吧！」

　　就將那病弟子大小便種種污穢，洗濯得乾乾淨淨；並且還將他的床鋪，理得清清楚楚，然後扶他上床。由此可見，佛是怎樣的習勞了。佛決不像現在的人，凡事都要人家服勞，自己坐著享福。這些事實，出於經律，並不是憑空說說的。

　　現在我再說兩椿事情，給大家聽聽：彌陀經中載著的一位大弟子——阿樓陀，他雙目失明，不能料理自己，佛就替他裁衣服，還叫別的弟子一道幫著做。

　　有一次，佛看到一位老年比丘眼睛花了，要穿針縫衣，無奈眼睛看不清楚，嘴裡叫著：「誰能替我穿針呀！」

　　佛聽了立刻答應說：「我來替你穿。」

　　以上所舉的例，都足證明佛是常常勞動的。我盼望諸位，也當以佛爲模範，凡事自己動手去做，不可依賴別人。

長堤樹老閱人多。

善用威者不輕怒，
善用恩者不妄施。

善用威者不輕怒
善用恩者不妄施

大
弘

●欲求解脫，反墮罪孽之
門。

三、持戒

「持戒」二字的意義，我想諸位總是明白
的吧！我們不說修到菩薩或佛的地位，就是想
來生再做人，最低的限度，也要能持五戒。可
惜現在受戒的人雖多，只是掛個名而已，切切
實實能持戒的卻很少。要知道：受戒之後，若
不持戒，所犯的罪，比不受戒的人要加倍的
大，所以我時常勸人不要隨便受戒。至於現在
一般傳戒的情形，看了真痛心，我實在說也不
忍說了！我想最好還是隨自己的力量去受戒，
萬不可敷衍門面，自尋苦惱。

戒中最重要的，不用說是殺、盜、淫、
妄，此外還有飲酒、食肉，也易惹人譏嫌。至
於吃煙，在律中雖無明文，但在我國習慣上，
也很容易受人譏嫌的，總以不吃為是。

四、自尊

「尊」是尊重，「自尊」就是自己尊重自
己，可是人都喜歡人家尊重我，而不知我自己
尊重自己；不知道要想人家尊重自己，必須從
我自己尊重自己做起。怎樣尊重自己呢？就是
自己時時想著：我當做一個偉大的人，做一個
了不起的人。比如我們想做一位清淨的高僧
吧，就拿高僧傳來讀，看他們怎樣行，我也怎
樣行，所謂：「彼既丈夫我亦爾。」又比方我
想將來做一位大菩薩，那麼，就當依經中所載
的菩薩行，隨力行去。這就是自尊。但自尊與

貢高不同；貢高是妄自尊大，目空一切的胡亂行為；自尊是自己增進自己的德業，其中並沒有一絲一毫看不起人的意思的。

諸位萬萬不可以為自己是一個小孩子，是一個小和尚，一切不妨隨便些，也不可說我是一個平常的出家人，哪裡敢希望做高僧、做大菩薩。凡事全在自己做去，能有高尚的志向，沒有做不到的。

諸位如果作這樣想：我是不敢希望做高僧、做大菩薩的，那做事就隨隨便便，甚至自暴自棄，走到墮落的路上去了，那不是很危險的麼？諸位應當知道：年紀雖然小，志氣卻不可不高啊！

我還有一句話，要向大家說，我們現在依佛出家，所處的地位是非常尊貴的，就以剃髮、披袈裟的形式而論，也是人天師表，國王和諸天人來禮拜，我們都可端坐而受。你們知道這道理麼？自今以後，就當尊重自己，萬萬不可隨便了。

以上四項，是出家人最當注意的，別的我也不多說了。我不久就要閉關，不能和諸位時常在一塊兒談話，這是很抱歉的。但我還想在關內講講律，每星期約講三、四次，諸位碰到例假，不妨來聽聽！今天得和諸位見面，我非常高興。我只希望諸位把我所講的四項，牢記在心，作為永久的紀念！時間講得很久了，費諸位的神，抱歉！抱歉！

● 尊重自己就要堅持原則，再難也要做一個好人。

● 永遠用更高的標準要求自己，自己才會愈來愈好。

● 匹夫不可奪志。

● 你何德何能，值得皇帝來跪拜呢？

法界源流圖（局部）

南閩十年之夢影

丁丑二月十六日在南普陀寺佛教養正院講

●常常懺悔，方可常常進步。

李叔同說佛

　　我一到南普陀寺，就想來養正院和諸位法師講談講談，原定的題目是「余之懺悔」，說來話長，非十幾小時不能講完。近來因為講律，須得把講稿寫好，總抽不出一個時間來，心裡又怕負了自己的初願，只好抽出很短的時間，來和諸位談談，談我在南閩十年中的幾件事情！

　　我第一回到南閩，在一九二八年的十一月，是從上海來的。起初還是在溫州，我在溫州住得很久，差不

多有十年光景。

由溫州到上海，是為著編輯護生畫集的事，和朋友商量一切；到十一月底，才把護生畫集編好。

那時我聽人說：尤惜陰居士也在上海。他是我舊時很要好的朋友，我就想去看一看他。一天下午，我去看尤居士，居士說要到暹羅國去，第二天一早就要動身的。我聽了覺得很喜歡，於是也想和他一道去。

我就在十幾小時中，急急地預備著。第二天早晨，天還沒大亮，就趕到輪船碼頭，和尤居士一起動身到暹羅國去了。從上海到暹羅，是要經過廈門的，料不到這就成了我來廈門的因緣。十二月初，到了廈門，承陳敬賢居士的招待，也在他們的樓上吃過午飯，後來陳居士就介紹我到南普陀寺來。那時的南普陀，和現在不同，馬路還沒有建築，我是坐著轎子到寺裡來的。

到了南普陀寺，就在方丈樓上住了幾天。時常來談天的，有性願老法師、芝峰法師等。芝峰法師和我同在溫州，雖不曾見過面，卻是很相契的。現在突然在南普陀寺晤見了，真是說不出的高興。

我本來是要到暹羅去的，因著諸位法師的挽留，就留滯在廈門，不想到暹羅國去了。

在廈門住了幾天，又到小雲峰那邊去過年。一直到正月半以後才回到廈門，住在閩南佛學院的小樓上，約莫住了三個月工夫。看到院裡面的學僧雖然只有二十幾位，他們的態度都很文雅，而且很有禮貌，和教職員的感情也很不差，我當時很讚美他們。

這時芝峰法師就談起佛學院裡的課程來。他說：「門類分得很多，時間的分配卻很少，這樣下去，怕沒

●因緣之妙，常常有違初願。

●讚美別人就是讚美自己。

有什麼成績吧？」

因此，我表示了一點意見，大約是說：「把英文和算術等刪掉，佛學卻不可減少，而且還得增加，就把騰出來的時間教佛學吧！」

他們都很贊成。聽說從此以後，學生們的成績，確比以前好得多了！

我在佛學院的小樓上，一直住到四月間，怕將來的天氣更會熱起來，於是又回到溫州去。

第二回到南閩，是在一九二九年十月。起初在南普陀寺住了幾天，以後因為寺裡要做水陸，又搬到太平岩去住。等到水陸圓滿，又回到寺裡，在前面的老功德樓住著。

當時閩南佛學院的學生，忽然增加了兩倍多，約有六十多位，管理方面不免感到困難。雖然竭力的整頓，終不能恢復以前的樣子。不久，我又到小雪峰去過年，正月半才到承天寺來。

那時性願老法師也在承天寺，在起草章程，說是想辦什麼研究社。

不久，研究社成立了，景象很好，真所謂「人才濟濟」，很有一種難以形容的盛況。現在妙釋寺的善契師，南山寺的傳證師，以及已故南普陀寺的廣究師，……都是那時候的學僧哩！

研究社初辦的幾個月間，常住的經懺很少，每天有工夫上課，所以成績卓著，為別處所少有。當時我也在那邊教了兩回寫字的方法，遇有閒空，又拿寺裡那些古版的藏經來整理整理，後來還編成目錄，至今留在那邊。這樣在寺裡約莫住了三個月，到四月，怕天氣要熱

起來，又回到溫州去。

　　一九三一年九月，廣洽法師寫信來，說很盼望我到廈門去。當時我就從溫州動身到上海，預備再到廈門。但許多朋友都說：時局不大安定，遠行頗不相宜，於是我只好仍回溫州。直到轉年（即一九三二年）十月，到了廈門，計算起來，已是第三回了！

　　到廈門之後，由性願老法師介紹，到山邊岩去住；但其間妙釋寺也去住了幾天。那時我雖然沒有到南普陀來住，但佛學院的學僧和教職員，卻是常常來妙釋寺談天的。

紅了櫻桃，綠了芭蕉。

●不說是慕自己的名而來，加意迴避。

人禍急我受之以寬宏，
人險仄我待之以坦蕩。

●明明是自己的功德，卻不居功。

●善緣不盡，法常存。

●其間悲苦甚多，淡然處之。

李叔同說佛

一九三三年正月廿一日，我開始在妙釋寺講律。

這年五月，又移到開元寺去。

當時許多學律的僧眾，都能勇猛精進，一天到晚的用功，從沒有空過的工夫。就是秩序方面也很好，大家都嘖嘖地稱讚著。

有一天，已是黃昏時候了！我在學僧們宿舍前面的大樹下立著，各房燈火發出很亮的光；誦經之聲，又復朗朗入耳，一時心中覺得有無限的歡慰！可是這種良好的景象，不能長久地繼續下去，恍如曇花一現，不久就消失了。但是當時的景象，卻很深的印在我的腦中，現在回想起來，還如在大樹底下目睹一般。這是永遠不會消滅，永遠不會忘記的啊！

十一月，我搬到草庵來過年。

一九三四年二月，又回到南普陀。

當時舊友大半散了，佛學院中的教職員和學僧，也沒有一位認識的！

我這一回到南普陀寺來，是準了常惺法師的約，來整頓僧教育的。後來我觀察情形，覺得因緣還沒有成熟，要想整頓，一時也無從著手，所以就作罷了。此後並沒有到閩南佛學院去。

講到這裡，我順便將我個人對於僧教育的意見，說明一下。

我平時對於佛教是不願意去分別哪一宗、哪一派的，因為我覺得各宗各派，都各有各的長處。

但是有一點，我以為無論哪一宗、哪一派的學僧，卻非深信不可，那就是佛教的基本原則，就是深信善惡因果報應的道理。善有善報，惡有惡報，同時還須深信佛菩薩的靈感！這不僅初級的學僧應該這樣，就是升到佛教大學也要這樣！

善惡因果報應和佛菩薩的靈感道理，雖然很容易懂，可是能徹底相信的卻不多。這所謂信，不是口頭說說的信，是要內心切切實實去信的呀！

咳！這很容易明白的道理，若要切切實實地去信，卻不容易啊！

我以為無論如何，必須深信善惡因果報應和諸佛菩薩靈感的道理，才有做佛教徒的資格！

須知善有善報，惡有惡報，這種因果報應，是絲毫不爽的！又須知我們一個人所有的行為，一舉一動，以至起心動念，諸佛菩薩都看得清清楚楚！

一個人若能這樣十分決定地信著，他的品行道德，自然會一天比一天地高起來！

要曉得我們出家人，就所謂「僧寶」，在俗家人之上，地位是很高的。所以品行道德，也要在俗家人之上才行！

倘品行道德僅能和俗家人相等，那已經難為情了！何況不如？又何況十分的不如呢？……咳！……這樣他們看出家人就要十分的輕慢，十分的鄙視，種種譏笑的話，也接連地來了。……

記得我將要出家的時候，有一位在北京的老朋友寫信來勸告我，你知道他勸告的是什麼，他說：「聽到你要不做人，要做僧去。……」

● 善惡若無報，乾坤必有私。

● 把這些道理作為標準，來衡量自己的一言一行。

● 人心生一念，天地盡皆知。

● 俗人看不起出家人，全因出家人自己沒有做好。

南閩十年之夢影

51

風雲變幻。

咳！……我們聽到了這話，該是怎樣的痛心啊！他以為做僧的，都不是人，簡直把僧不當人看了！你想，這句話多麼厲害呀！

出家人何以不是人？為什麼被人輕慢到這地步？我們都得自己反省一下！我想這原因都由於我們出家人做人太隨便的緣故；種種太隨便了，就鬧出這樣的話柄來了。

至於為什麼會隨便呢？那就是由於不能深信善惡因果報應和諸佛菩薩靈感的道理的緣故。倘若我們能夠真正生信，十分決定地信，我想就是把你的腦袋斫掉，也不肯隨便的了！

以上所說，並不是單單養正院的學僧應該牢記，就是佛教大學的學僧也應該牢記，相信善惡因果報應和諸佛菩薩靈感不爽的道理！

就我個人而論，已經是將近六十的人了，出家已有二十年，但我依舊喜歡看這類的書！——記載善惡因果報應和佛菩薩靈感的書。

我近來省察自己，覺得自己愈弄愈不像了！所以我要常常研究這一類的書：希望我的品行道德，一天高尚一天；希望能夠改過遷善，做一個好人。又因為我想做一個好人，同時我也希望諸位都做好人！

這一段話，雖然是我勉勵我自己的，但我很希望諸位也能照樣去實行！

關於善惡因果報應和佛菩薩靈感的書，印光老法師在蘇州所辦的弘化社那邊印得很多，定價也很低廉，諸位若要看的話，可託廣洽法師寫信去購請，或者他們會贈送也未可知。

處逆境心須用開拓法，
處順境心要用收斂法。

●信仰使人堅定，不堅定者信仰不純。

●好人就是一天比一天更好的人。

謙美德也過謙者懷詐
默懿行也過默者藏奸

四 弘圖

謙，美德也，過謙者懷詐；
默，懿行也，過默者藏奸。

● 疾病是學習的最好時機。

● 我的生命慢了半點，提醒自己應當勇猛精進。

李叔同說佛

以上是我個人對於僧教育的一點意見。下面我再來說幾樣事情。

我於一九三五年到惠安淨峰寺去住。到十一月，忽然生了一場大病，所以我就搬到草庵來養病。

這一回的大病，可以說是我一生的大紀念！

我於一九三六年的正月，扶病到南普陀寺來。在病床上有一只鐘，比其他的鐘總要慢兩刻，別人看到了，總是說這個鐘不準，我說：「這是草庵鐘。」

別人聽了「草庵鐘」三字還是不懂，難道天下的鐘也有許多不同的麼？現在就讓我詳詳細細的來說個明白。

我那一回大病，在草庵住了一個多月。擺在病床上的鐘，是以草庵的鐘為標準的。而草庵的鐘，總比一般的鐘要慢半點。

我以後雖然移到南普陀，但我的鐘還是那個樣子，比平常的鐘慢兩刻，所以「草庵鐘」就成了一個名詞了。這件事由別人看來，也許以為是很好笑的吧！但我覺得很有意思！因為我看到這個鐘，就想到我在草庵生大病的情形了，往往使我發大慚愧，慚愧我德薄業重。

我要自己時時發大慚愧，我總是故意地把鐘改慢兩刻，照草庵那鐘的樣子，不止當時如此，到現在還是如此，而且願盡形壽，常常如此。

以後在南普陀住了幾個月，於五月間，才到鼓浪嶼日光岩去。十二月仍回南普陀。

到今年一九三七年，我在閩南居住，算起來，首尾已是十年了。

回想我在這十年之中，在閩南所做的事情，成功的卻是很少很少，殘缺破碎的居其大半，所以我常常自己反省，覺得自己的德行，實在十分欠！

● 事殘緣自心殘，人不自知，故以事告知。

因此近來我自己起了一個名字，叫「二一老人」。什麼叫「二一老人」呢？這有我自己的根據。

記得古人有句詩：「一事無成人漸老。」

清初吳梅村（偉業）臨終的絕命詞有：「一錢不值何消說。」

這兩句詩的開頭都是「一」字，所以我用來做自己的名字，叫做「二一老人」。

因此我十年來在閩南所做的事，雖然不完滿，而我也不怎樣地去求他完滿了！

諸位要曉得：我的性情是很特別的，我只希望我的事情失敗，因為事情失敗、不完滿，這才使我常常發大慚愧！能夠曉得自己的德行欠缺，自己的修善不足，那我才可努力用功，努力改過遷善！

一個人如果事情做完滿了，那麼這個人就會心滿意足，洋洋得意，反而增長他貢高我慢的念頭，生出種種的過失來！所以還是不去希望完滿的好！

● 常常失敗常常悟。

不論什麼事，總希望他失敗，失敗才會發大慚愧！倘若因成功而得意，那就不得了啦！

我近來，每每想到「二一老人」這個名字，覺得很有意味！

這「二一老人」的名字，也可以算是我在閩南居住了十年的一個最好的紀念！

南閩十年之夢影

救疾病觀世音

火難

盜難

風難

蛇難

虎難

法界源流圖（局部）

最後之□□
戊寅十一月十四日在南普陀寺佛教養正院同學會席上講瑞今記

　　佛教養正院已辦有四年了。諸位同學初來的時候，身體很小，經過四年之久，身體皆大起來了，有的和我也差不多。啊！光陰很快。人生在世，自幼年至中年，自中年至老年，雖然經過幾十年之光景，實與一會兒差不多。就我自己而論，我的年紀將到六十了，回想從小孩子的時候起到現在，種種經過如在目前。啊！我想我以往經過的情形，只有一句話可以對諸位說，就是「不

李叔同說佛

堪回首」而已。

　　我常自來想，啊！我是一個禽獸嗎？好像不是，因為我還是一個人身。我的天良喪盡了嗎？好像還沒有，因為我尚有一線天良常常想念自己的過失。我從小孩子起一直到現在都埋頭造惡嗎？好像也不是，因為我小孩子的時候，常行袁了凡的功過格，三十歲以後，很注意於修養，初出家時，也不是沒有道心。雖然如此，但出家以後一直到現在，便大不同了。因為出家以後二十年之中，一天比一天墮落，身體雖然不是禽獸，而心則與禽獸差不多。天良雖然沒有完全喪盡，但是惛憒糊塗，一天比一天厲害，抑或與天良喪盡也差不多了。講到埋頭造惡的一句話，我自從出家以後，惡念一天比一天增加，善念一天比一天退失，一直到現在，可以說是醇乎其醇的一個埋頭造惡的人，這個也無須客氣也無須謙讓了。

　　就以上所說看起來，我從出家後已經墮落到這種地步，真可令人驚歎。其中到閩南以後十年的工夫，尤其是墮落的墮落。去年春間曾經在養正院講過一次，所講的題目，就是「南閩十年之夢影」，那一次所講的，字字之中，都可以看到我的淚痕。諸位應當還記得吧。

　　可是到了今年，比去年更不像樣子了。自從正月二十到泉州，這兩個月之中，弄得不知所云。不只我自己看不過去，就是我的朋友也說我以前如閒雲野鶴，獨往獨來，隨意棲止，何以近來竟大改常度，到處演講，常常見客，時時宴會，簡直變成一個「應酬的和尚」了，這是我的朋友所講的。啊！「應酬的和尚」這五個字，我想我自己近來倒很有幾分相像。

● 今天的境界提高了，才能看到昨天的錯。

● 自省到如此程度，該是何等疼痛，又要有多大的毅力與坦誠？

最後之□□

如是在泉州住了兩個月以後，又到惠安到廈門到漳州，都是繼續前稿。除了利養，還是名聞，除了名聞，還是利養。日常生活，總不在名聞利養之外，雖在瑞竹岩住了兩個月，稍少閒靜，但是不久，又到祈保亭冒充善知識，受了許多的善男信女的禮拜供養，可以說是慚愧已極了。

九月又到安海，住了一個月，十分的熱鬧。近來再到泉州，雖然時常起一種恐懼厭離的心，但是仍不免向這一條名聞利養的路上前進。可是近來也有件可慶幸的事，因為我近來得到永春十五歲小孩子的一封信。他勸我以後不可常常宴會，要養靜用功。信中又說起他近來的生活，如吟詩、賞月、看花、靜坐等，洋洋千言的一封信。啊！他是一個十五歲的小孩子，竟有如此高尚的思想，正當的見解。我看到他這一封信，真是慚愧萬分了。我自從得到他的信以後，就以十分堅決的心，謝絕宴會，雖然得罪了別人，也不管他，這個也可算是近來一件可慶幸的事了。

雖然是如此，但我的過失也太多了，可以說是從頭至足，沒有一處無過失，豈只謝絕宴會，就算了結了嗎？尤其是今年幾個月之中，極力冒充善知識，實在是太為佛門丟臉。別人或者能夠原諒我；但我對我自己，絕不能夠原諒，斷不能如此馬馬虎虎地過去。所以我近來對人講話的時候，絕不顧惜情面，決定趕快料

理沒有了結的事情，將「法師」、「老法師」、「律師」等名目，一概取消，將學人侍者等一概辭謝。孑然一身，遂我初服，這個或者亦是我一生的大結束了。

啊！再過一個多月，我的年紀要到六十了。像我出家以來，既然是無慚無愧，埋頭造惡，所以到現在所做的事，大牛支離破碎不能圓滿，這個也是份所當然。只有對於養正院諸位同學，相處四年之久，有點不能忘情。我很盼望養正院從此以後，能夠復興起來，爲全國模範的僧學院。可是我的年紀老了，又沒有道德學問，我以後對於養正院，也只可說「愛莫能助」了。

啊！與諸位同學談得時間也太久了，且用古人的詩來作臨別贈言。詩云：

未濟終焉心縹渺，百事翻成缺陷好．
吟到夕陽山外山，古今誰免餘情遶。

真身觀世音

孤絕海岸觀世音

白水精觀世音

普陀落伽山觀世音

如意輪觀世音

法界源流圖（局部）

佛法十疑略釋

戊寅十月六日在安海金墩宗祠講

欲挽救今日之世道人心，人皆知推崇佛法。但對於
佛法而起之疑問，亦復不少。故學習佛法者，必先解釋
此種疑問，然後乃能著手學習。以下所舉十疑及解釋，
大半採取近人之說而敘述之，非是講者之創論。所疑固
不限此，今且舉此十端耳。

李叔同 說佛

一、佛法非迷信

近來知識分子，多批評佛法謂之迷信。

我輩詳觀各地寺廟，確有特別之習慣及通俗之儀式，又將神仙鬼怪等混入佛法之內，謂是佛法正宗。既有如此奇異之現相，也難怪他人謂佛法是迷信。

●先為不知者作解，寬厚。

但佛法本來面目則不如此，決無崇拜神仙鬼怪等事。其儀式莊嚴，規矩整齊，實超出他種宗教之上。又佛法能破除世間一切迷信而與以正信，豈有佛法即是迷信之理。

●破迷乃佛法之基本職能。

故知他人謂佛法為迷信者，實由誤會。倘能詳察，自不至有此批評。

二、佛法非宗教

或有人疑佛法為一種宗教，此說不然。

佛法與宗教不同，近人著作中常言之，茲不詳述。應知佛法實不在宗教範圍之內也。

●佛法是宇宙間一切奧秘的洞見，而宗教只是在常人中的形式。

三、佛法非哲學

或有人疑佛法為一種哲學，此說不然。

哲學之要求，在求真理，以其理智所推測而得之某種條件即謂為真理。其結果，有一元、二元、唯心種種之說。甲以為理在此，乙以為理在彼，紛紜擾攘，相非相謗。但彼等無論如何盡力推測，總不出於錯覺一途。譬如盲人摸象，其生平未曾見象之形狀，因其所摸得象之一部分，即謂是為象之全體。故或摸其尾便謂象如繩，或摸其背便謂象如床，或摸其胸便謂象如地。雖因所摸處不同而感覺互異，總而言之，皆是迷惑顛倒之

●皆是認為真理可被我掌握，大謬矣。

見而已。

　　若佛法則不然，譬如明眼人能親見全象，十分清楚，與前所謂盲人摸象者迥然不同。因佛法須親證「眞如」，了無所疑，決不同哲學家之虛妄測度也。

　　何謂「眞如」之意義？眞眞實實，平等一如，無妄情，無偏執，離於意想分別，即是哲學家所欲了知之宇宙萬有之眞相及本體也。夫哲學家欲發明宇宙萬有之眞象及本體，其志誠爲可嘉。第太無方法，致罔廢心力而終不能達到耳。

　　以上所說之佛法非宗教及哲學，僅略舉其大概。若欲詳知者，有南京支那內學院出版之佛法非宗教非哲學一卷，可自詳研，即能洞明其奧義也。

四、佛法非違背於科學

　　常人以爲佛法重玄想，科學重實驗，遂謂佛法違背於科學。此說不然。

　　近代科學家持實驗主義者，有兩種意義。

　　一是根據眼前之經驗，彼如何即還彼如何，毫不加以玄想。

　　二是防經驗不足恃，即用人力改進，以補通常經驗之不足。

　　佛家之態度亦爾，彼之「戒」、「定」、「慧」三無漏學，皆是改進通常之經驗。但科學之改進經驗重在客觀之物件，佛法之改進經驗重在主觀之心識。如人患目病，不良於視，科學只知多方移置其物以求一辨，佛法則努力醫治其眼以求復明。兩者雖同爲實驗，但在治標治本上有不同耳。

●真理遍布宇宙，而我只是其中一部分。

●科學永遠不能使人類創造宇宙。

李叔同

說佛

66

關於佛法與科學之比較，若欲詳知者，乞閱上海開明書店代售之佛法與科學之比較研究。著者王小徐，曾留學英國，在理工專科上迭有發現，為世界學者所推重。近以其研究理工之方法，創立新理論解釋佛學，因著此書也。

五、佛法非厭世

常人見學佛法者，多居住山林之中，與世人罕有往來，遂疑佛法為消極的、厭世的。此說不然。

學佛法者，固不應迷戀塵世以貪求榮華富貴，但亦決非是冷淡之厭世者。因學佛法之人皆須發「大菩提心」，以一般人之苦樂為苦樂，抱熱心救世之弘願，不惟非消極，乃是積極中之積極者。雖居住山林中，亦非貪享山林之清福，乃是勤修「戒」、「定」、「慧」三學，以預備將來出山救世之資具耳。與世俗青年學子在學校讀書為將來任事之準備者，甚相似。

由是可知謂佛法為消極厭世者，實屬誤會。

六、佛法非不宜於國家之興盛

近來愛國之青年，信仰佛法者少。彼等謂佛法傳自印度，而印度因此衰亡，遂疑佛法與愛國之行動相妨礙。此說不然。

佛法實能輔助國家，令其興盛，未嘗與愛國之行動相妨礙。印度古代有最信仰佛法之國

有真才者必不矜才，
有實學者必不誇學。

● 以更大的慈悲，謀求世人根本的解脫，何消極之有？

● 國王承認有更高的規律制約著自己，才不會肆意妄為。

自責之外無勝人之術，
自強之外無上人之術。

●救助孤貧是慈善，勸人
求法更是慈善。

七、佛法非能滅種

　　常人見僧尼不婚不嫁，遂疑人人皆信佛法必
致滅種。此說不然。

　　信佛法而出家者，乃為僧尼，此實極少之
數。以外大多數之在家信佛法者，仍可婚嫁如
常。佛法中之僧尼，與他教之牧師相似，非是
信徒皆應為牧師也。

八、佛法非廢棄慈善事業

　　常人見僧尼惟知弘揚佛法，而於建立大規模
之學校、醫院、善堂等利益社會之事未能努力，
遂疑學佛法者廢棄慈善事業。此說不然。

　　依佛經所載，佈施有二種，一曰財施，二曰
法施。出家之佛徒，以法施為主，故應多致力
於弘揚佛法，而以餘力提倡他種慈善事業。若
在家之佛徒，則財施與法施並重，故在家居士
多努力作種種慈善事業，近年以來各地所發起
建立之佛教學校、慈兒院、醫院、善堂、修橋、
造涼亭，乃至施米、施衣、施錢、施棺等事，
皆時有所聞，但不如他教仗外國慈善家之財力
所經營者規模闊大耳。

九、佛法非是分利

李叔同說佛

近今經濟學者，謂人人能生利，則人類生活發達，乃可共用幸福。因專注重於生利。遂疑信仰佛法者，惟是分利而不生利，殊有害於人類，此說亦不免誤會。

　　若在家人信仰佛法者，不礙於職業，士農工商皆可為之。此理易明，可毋庸議。若出家之僧尼，常人觀之，似為極端分利而不生利之寄生蟲。但僧尼亦何嘗無事業，僧尼之事業即是弘法利生。倘能教化世人，增上道德，其間接直接有眞實大利益於人群者正無量矣。

十、佛法非說空以滅人世

　　常人因佛經中說「五蘊皆空」、「無常苦空」等，因疑佛法只一味說空。若信佛法者多，將來人世必因之而消滅。此說不然。

　　大乘佛法，皆說空及不空兩方面。雖有專說空時，其實亦含有不空之義。故須兼說空與不空兩方面，其義乃為完足。

　　何謂空及不空。空者是無我，不空者是救世之事業。雖知無我，而能努力作救世之事業，故空而不空。雖努力作救世之事業，而決不執著有我，故不空而空。如是眞實瞭解，乃能以無我之偉大精神，而作種種之事業無有障礙也。

　　又若能解此義，即知常人執著我相而作種種救世事業者，其能力薄，範圍小，時間促，不徹底。若欲能力強，範圍大，時間久，最徹底

●惟有把一生奉獻世人，方有資格接受供養。

●以無生的覺悟求有生的事業。

佛法十疑略釋

69

者，必須於佛法之空義十分瞭解，如是所做救世事業乃能圓滿成就也。

故知所謂空者，即是於常人所執著之我見打破消滅，一掃而空，然後以無我之精神，努力切實作種種之事業。亦猶世間行事，先將不良之習慣等一一推翻，然後良好之建設乃得實現。

信能如此，若云犧牲，必定真能犧牲；若云救世，必定真能救世。由是堅堅實實，勇猛精進而作去，乃可謂偉大，乃可謂徹底。

所以真正之佛法先須向空上立腳，而再向不空上作去。豈是一味說空而消滅人世耶！

以上所說之十疑及釋義，多是採取近人之說而敘述其大意。諸君聞此，應可免除種種之誤會。

若佛法中之真義，至為繁廣，今未能詳說。惟冀諸君從此以後，發心研究佛法，請購佛書，隨時閱覽，久之自可洞明其義。是為余所厚望焉。

緩事宜急幹，敏則有功；
急事宜緩辦，忙則多錯。

●非此則妄而。

李叔同說佛

70

法界源流圖（局部）

法界源流圖（局部）

佛法宗派大概

戊寅十月七日在安海金墩宗祠講

關於佛法之種種疑問，前已略加解釋。諸君既無所疑惑，思欲著手學習，必須先瞭解佛法之各種宗派乃可。

原來佛法之目的，是求覺悟本無種種差別。但欲求達到覺悟之目的地以前，必有許多途徑。而在此途徑上，自不妨有種種宗派之不同也。

佛法在印度古代時，小乘有各種部執，大乘雖亦分「空」、「有」二派，但未別立許多門戶。吾國自東漢

● 先把各宗派放到平等的位置上。

以後，除將印度所傳來之佛法精神完全承受外，並加以融化光大，於中華民族文化之偉大悠遠基礎上，更開展中國佛法之許多特色。至隋唐時，便漸成就大小乘各宗分立之勢。今且舉十宗而略述之。

一、律宗，又名南山宗

唐終南山道宣律師所立。依法華、涅經義，而釋通小乘律，立圓宗戒體正屬出家人所學，亦明在家五戒、八戒義。

唐時盛，南宋後衰，今漸興。

二、俱舍宗

●修行方法更接近釋迦牟尼本源。

依俱舍論而立。分別小乘名相甚精，為小乘之相宗。欲學大乘法相宗者固應先學此論，即學他宗者亦應以此為根底，不可以其為小乘而輕忽之也。

●基礎中之基礎。

陳隋唐時盛弘，後衰。

三、成實宗

依成實論而立。為小乘之空宗，微似大乘。

六朝時盛，後衰，唐以後殆罕有學者。

以上二宗，即依二部論典而形成，並由印度傳至中土。雖號稱宗，然實不過二部論典之傳持授受而已。

以上二宗屬小乘，以下七宗皆是大乘，律宗則介於大小之間。

四、三論宗，又名性宗，又名空宗

三論者，即中論、　論、十二門論，是三部論皆依

李叔同說佛

74

般若經而造。姚秦時，龜茲國鳩摩羅什三藏法師來此土弘傳。

　　唐初猶盛，以後衰。

五、法相宗，又名慈恩宗，又名有宗

　　此宗所依之經論，爲解深密經、瑜伽師地論等。唐玄奘法師盛弘此宗。又糅合印度十大論師所著之唯識三十頌之解釋，而編纂成唯識論十卷，爲此宗著名之典籍。此宗最要，無論學何宗者皆應先學此以爲根底也。

●此根底非釋迦牟尼傳法時，眾生之根底。

　　唐中葉後衰微，近復興，學者甚盛。

　　以上二宗，印度古代有之，即所謂「空」、「有」二派也。

六、天臺宗，又名法華宗

　　六朝時此土所立，以法華經爲正依。至隋智者大師時極盛。其教義，較前二宗爲玄妙。

　　隋唐時盛，至今不衰。

七、華嚴宗，又名賢首宗

　　唐初此土所立，以華嚴經爲依。至唐賢首國師時而盛，至清涼國師時而大備。此宗最爲廣博，在一切經法中稱爲教海。

●爲中土之改良佛教。

　　宋以後衰，今殆罕有學者，至可惜也。

●廣博所以難及。

八、禪宗

　　梁武帝時，由印度達摩尊者傳至此土。斯宗雖不立文字，直明實相之理體。而有時卻假用文字上之教化方

佛法宗派大概

75

●達摩自稱只可傳六代。

便，以弘教法。如金剛、楞伽二經，即是此宗常所依用者也。

唐宋時甚盛，今衰。

九、密宗，又名真言宗

唐玄宗時，由印度善無畏三藏、金剛智三藏先後傳入此土。斯宗以《大日經》、《金剛頂經》、《蘇悉地經》三部為正所依。

元後即衰，近年再興，甚盛。

●應求真知灼見，不可道聽塗說。

在大乘各宗中，此宗之教法最為高深，修持最為真切。常人未嘗窮研，輒輕肆譭謗，至堪痛歎。余於十數年前，惟閱密宗儀軌，亦嘗輕致疑議。以後閱大日經疏，乃知密宗教義之高深，因痛自懺悔。願諸君不可先閱儀軌，應先習經教，則可無諸疑惑矣。

十、淨土宗

●雖簡而實難。

始於晉慧遠大師，依無量壽經、觀無量壽佛經、阿彌陀經而立。三根普被，甚為簡易，極契末法時機。明季時，此宗大盛。至於近世，尤為興盛，超出各宗之上。

以上略說十宗大概已竟，大半是摘取近人之說以敘述之。

就此十宗中，有小乘、大乘之別。而大乘之中，復有種種不同。吾人於此，萬不可固執成見，而妄生分別。因佛法本來平等無二，無有可說，即佛法之名稱亦不可得。於不可得之中而建立種種差別佛法者，乃是隨順世間眾生以方便建立。因眾生習染有淺深，覺悟有先後。

而佛法亦依之有種種差別，以適應之。譬如世間患病者，其病症千差萬別，須有多種藥品以適應之，其價值亦低昂不等。不得僅尊其貴價者，而廢其他廉價者。所謂藥無貴賤，愈病者良。佛法亦爾，無論大小權實漸頓顯密，能契機者，即是無上妙法也。故法門雖多，吾人宜各擇其與自己根機相契合者而研習之，斯爲善矣。

●要在能確實使人不斷成為更好的人，無有盡頭。

今日衆來師已去，摩挲楊柳幾多時。

法界源流圖（局部）

佛法學習初步

戊寅十月八日在安海金墩宗祠講

●大慈悲，只
欲眾生得解
脫。

佛法宗派大概，前已略說。

　或謂高深教義，難解難行，非利根上智不能承受。若我輩常人欲學習佛法者，未知有何法門，能使人人易解，人人易行，毫無困難，速獲實益耶？

　案佛法寬廣，有淺有深。故古代諸師，皆判「教相」以區別之。依唐圭峰禪師所撰華嚴原人論中，判立五教：

（一）人天教

（二）小乘教

（三）大乘法相教

● 最 方 便 法
門。

（四）大乘破相教

（五）一乘顯性教

　　以此五教，分別淺深。若我輩常人易解易行者，惟有「人天教」也。其他四教，義理高深，甚難瞭解。即能瞭解，亦難實行。故欲普及社會，又可補助世法，以挽救世道人心，應以「人天教」最爲合宜也。

　　人天教由何而立耶？

　　常人醉生夢死，謂富貴貧賤吉凶禍福皆由命定，不解因果報應。或有解因果報應者，亦惟知今生之現報而已。若如是者，現生有惡人富而善人貧，惡人壽而善人夭，惡人多子孫而善人絕嗣，是何故歟？因是佛爲此輩人，說三世業報，善惡因果，即是人天教也。今就三世業報及善惡因果分爲二章詳述之。

●善人在考驗
中變得更好，
惡人在放縱中
變得更壞。

一、三世業報

　　三世業報者，現報、生報、後報也。

　　（一）現報：今生作善惡，今生受報。

　　（二）生報：今生作善惡，次一生受報。

●善的價值是
邪惡不能動搖
的。

　　（三）後報：今生作善惡，次二、三生乃至未來多生受報。

　　由是而觀，則惡人富、善人貧等，決不足怪。吾人惟應力行善業，即使今生不獲良好之果報，來生再來生等必能得之。萬勿因行善而反遇逆境，遂妄謂行善無有

果報也。

二、善惡因果

善惡因果者，惡業、善業、不動業此三者是其因，
果報有六，即六道也。

惡業善業，其數甚多，約而言之，各有十種，如下
所述。不 業者，即修習上品十善，復能深修禪定也。

今復舉惡業、善業別述如下：

惡業有十種。

（一）殺生

（二）偷盜

（三）邪淫

（四）妄言

（五）兩舌

（六）惡口

（七）綺語

（八）慳貪

（九）瞋恚

（十）邪見

造惡業者，因其造業重輕，而墮地獄、畜生、鬼道
之中。受報既盡，幸生人中，猶有餘報。今依華嚴經所
載者，錄之如下。若諸「論」中，尚列外境多種，今不
別錄。

（一）殺生：短命、多病。

（二）偷盜：貧窮、其財不得自在。

（三）邪淫：妻不貞良、不得隨意眷屬。

李叔同說佛

（四）妄言：多被誹謗、爲他所誑。

（五）兩舌：眷屬乖離、親族弊惡。

（六）惡口：常聞惡聲、言多諍訟。

（七）綺語：言無人受、語不明瞭。

（八）慳貪：心不知足、多欲無厭。

（九）瞋恚：常被他人求其長短、恆被於他之所惱害。

（十）邪見：生邪見家、其心諂曲。

●由惡生苦，自作自受。

善業有十種。下列不殺生等，止惡即名爲善。復依此而起十種行善，即救護生命等也。

（一）不殺生：救護生命。

（二）不偷盜：給施資財。

（三）不邪淫：遵修梵行。

（四）不妄言：說誠實言。

（五）不兩舌：和合彼此。

（六）不惡口：善言安慰。

（七）不綺語：作利益語。

（八）不慳貪：常懷捨心。

（九）不瞋恚：恆生慈憫。

（十）不邪見：正信因果。

●做一個為別人活著的人。

造善業者，因其造業輕重而生於阿修羅人道欲界天中。所感之餘報，與上所列惡業之餘報相反。如不殺生則長壽無病等類推可知。

由是觀之，吾人欲得諸事順遂，身心安樂之果報者，應先力修善業，以種善因。若惟一心求好果報，而

●欲取先與，不失者不得。

不讓古人是謂有志，
不讓今人是謂無量。

決不肯種少許善因，是爲大誤。譬如農夫，欲得米穀，而不種田，人皆知其爲愚也。

故吾人欲諸事順遂，身心安樂者，須努力培植善因。將來或遲或早，必得良好之果報。古人云：「禍福無不自己求之者」，即是此意也。

以上所說，乃人天教之大義。

惟修人天教者，雖較易行，然報限人天，非是出世。故古今諸大善知識，盡力提倡「淨土法門」，即前所說之佛法宗派大概中之「淨土宗」。令無論習何教者，皆兼學此「淨土法門」，即能獲得最大之利益。「淨土法門」雖隨宜判爲「一乘圓教」，但深者見深，淺者見淺，即惟修人天教者亦可兼學，所謂「三根普被」也。

在此講說三日已竟。以此功德，惟願世界安寧，衆生歡樂，佛日增輝，法輪常轉。

李叔同說佛

落紅不是無情物，化作春泥更護花。

釋迦牟尼佛會

法界源流圖（局部）

佛教之簡易修持法

己卯四月十六日在永春桃源殿講李芳遠記

●惟以眾生為
念。

　　我到永春的因緣，最初發起，在三年之前。性願老
法師常常勸我到此地來，又常提起普濟寺是如何如何的
好。

　　兩年以前的春天，我在南普陀講律圓滿以後，妙慧
師便到廈門請我到此地來。那時因為學律的人要隨行的
太多，而普濟寺中設備未廣，不能夠收容，不得已而中
止。是為第一次欲來未果。

是年的冬天，有位善興師，他持著永春諸善友一張請帖，到廈門萬石岩去，要接我來永春。那時因為已先應了泉州草庵之請，故不能來永春。是為第二次欲來未果。

去年的冬天，妙慧師再到草庵來接。本想隨請前來，不意過泉州時，又承諸善友挽留，不得已而延期至今春。是為第三次欲來未果。

直至今年半個月以前，妙慧師又到泉州勸請，是為第四次。因大眾既然有如此的盛意，故不得不來。其時在泉州各地講經，很是忙碌，因此又延擱了半個多月。今得來到貴處，和諸位善友相見，我心中非常的歡喜。自三年前就想到此地來，屢次受了事情所阻，現在得來，滿其多年的夙願，更可說是十分的歡喜了。

今天承諸位善友請我演講。我以為談玄說妙，雖然極為高尚，但於現在行持終覺了不相涉。所以今天我所講的，且就常人現在即能實行的，約略說之。

因為專尚談玄說妙，譬如那饑餓的人，來研究食譜，雖山珍海錯之名，縱橫滿紙，如何能夠充饑。倒不如現在得到幾種普通的食品，即可入口。得充一飽，才於實事有濟。

以下所講的，分為三段。

一、深信因果

因果之法，雖為佛法入門的初步，但是非常的重要，無論何人皆須深信。何謂因果？因者好比種子，下在田中，將來可以長成為果實。果者譬如果實，自種子發芽，漸漸地開花結果。

佛教之簡易修持法

89

我們一生所作所為，有善有惡，將來報應不出下列：

桃李種，長成為桃李——作善報善。

荊棘種，長成為荊棘——作惡報惡。

所以我們要避凶得吉，消災得福，必須要厚植善因，努力改過遷善，將來才能夠獲得吉祥福德之好果。如果常作惡因，而要想免除凶禍災難，哪裡能夠得到呢？

所以第一要勸大眾深信因果了知善惡報應，一絲一毫也不會差的。

二、發菩提心

「菩提」二字是印度的梵語，翻譯為「覺」，也就是成佛的意思。發者，是發起，故發菩提心者，便是發起成佛的心。為什麼要成佛呢？為利益一切眾生。須如何修持乃能成佛呢？須廣修一切善行。以上所說的，要廣修一切善行，利益一切眾生，但須如何才能夠徹底呢？須不著我相。所以發菩提心的人，應發以下之三種心：

（一）大智心：不著我相。此心雖非凡夫所能發，亦應隨分觀察。

（二）大願心：廣修善行。

（三）大悲心：救眾生苦。

又發菩提心者，須發以下所記之四弘誓願：

（一）眾生無邊誓願度：菩提心以大悲為體，所以先說度生。

（二）煩惱無盡誓願斷：願一切眾生，皆能斷無盡之煩惱。

（三）法門無量誓願學：願一切眾生，皆能學無量

舊時王謝堂前燕。

之法門。

（四）佛道無上誓願成：願一切眾生，皆能成無上
之佛道。

或疑煩惱以下之三願，皆爲我而發，如何說是願一切
眾生？這裡有兩種解釋：一就淺來說，我也就是眾生
中的一人，現在所說的眾生，我也在其內。再進一步言，
眞發菩提心的，必須徹悟法性平等，決不見我與眾生有
什麼差別，如是才能夠眞實和菩提心相應。所以現在發
願，說願一切眾生，有何妨耶！

●我為眾生探路。

三、專修淨土

既然已經發了菩提心，就應該努力地修持。但是佛
所說的法門很多，深淺難易，種種不同。若修持的法門
與根器不相契合的，用力多而收效少。倘與根器相契合
的，用力少而收效多。在這末法之時，大多數眾生的根
器，和哪一種法門最相契合呢？說起來只有淨土宗。因
爲泛泛修其他法門的，在這五濁惡世，無佛應現之時，
很是困難。若果專修淨土法門，則依佛大慈大悲之力，
往生極樂世界，見佛聞法，速證菩提，比較容易得多。
所以龍樹菩薩曾說，前爲難行道，後爲易行道，前如陸
路步行，後如水道乘船。

●要在徹底放下自我，完全依賴佛力。

關於淨土法門的書籍，可以首先閱覽者，《初機淨
業指南》、《印光法師嘉言錄》、《印光法師文鈔》等。
依此就可略知淨土法門的門徑。

●謙卑為本，自省為先。

近幾個月以來，我在泉州各地方講經，身體和精神
都非常地疲勞。這次到貴處來，匆促演講，不及預備，
所以本說的未能詳盡。希望大眾原諒。

李叔同說佛

法界源流圖（局部）

法界源流圖（局部）

普勸淨宗道侶兼持誦地藏經

庚辰地藏誕日在永春講王夢惺記

余來永春，迄今一年有半。在去夏時，王夢惺居士來信，爲言擬偕林子堅居士等將來普濟寺，請余講經。斯時余曾復一函，俟秋涼後即入城講《金剛經》大意三日。及秋七月，余以掩關習禪，乃不果往。日昨夢惺居士及諸仁者入山相訪，因雨小住寺院，今日適逢地藏菩薩聖誕，故乘此勝緣，爲講淨宗道侶兼持誦《地藏經》要旨，以資紀念。

● 借佛力，弘揚善法。

淨宗道侶修持之法，固以淨土三經為主。三經之外，似宜兼誦《地藏經》以為助行。因地藏菩薩，與此土眾生有大因緣。而《地藏本願經》，尤與吾等常人之根器深相契合。故今普勸淨宗道侶，應兼持誦《地藏菩薩本願經》。謹述旨趣於下，以備淨宗道侶採擇焉。

●完全一顆利他的心。

一、淨土之於地藏，自昔以來，因緣最深。而我八祖蓮池大師，撰《地藏本願經》序，勸贊流通。逮我九祖蕅益大師，一生奉事地藏菩薩，讚歎弘揚益力。居九華山甚久，自稱為「地藏之孤臣」。並盡形勤禮地藏懺儀，常持地藏真言，以懺除業障，求生極樂。又當代淨土宗泰斗印光法師，於《地藏本願經》尤盡力弘傳流布，刊印數萬冊，令淨業學者至心讀誦，依教行持。今者竊遵淨宗諸祖之成規，普勸同仁兼修並習。勝緣集合，蓋非偶然。

●揭示巨大的因緣關係。

二、地藏法門以三經為主。三經者，《地藏菩薩本願經》、《地藏菩薩十輪經》、《地藏菩薩占察善惡業報經》。《本願經》中雖未顯說往生淨土之義，然其他二經則皆有之。《十輪經》云：「當生淨佛國，導師之所居。」《占察經》云：「若人欲生他方現在淨國者，應當隨彼世界佛之名字，專意誦念，一心不亂，如上觀察者，決定得生彼佛淨國。」所以我蓮宗九祖蕅益大師，禮地藏菩薩占察懺時，發願文云：「捨身他世，生在佛前，面奉彌陀，歷事諸佛，親蒙授記，回入塵勞，普會群迷，同歸秘藏。」由是以觀，地藏法門實與淨宗關係甚深，豈惟殊途同歸，抑亦發趣一致。

●本是同根生。

三、《觀無量壽佛經》，以修三福為淨業正因。三福之首，曰孝養父母。而《地藏本願經》中，備陳地藏

菩薩宿世孝母之因緣。故古德稱《地藏經》爲「佛門之孝經」，良有以也。凡我同仁，常應讀誦《地藏本願經》，以副《觀經》孝養之旨。並依教力行，特崇孝道，以報親恩，而修勝福。

四、當代印光法師教人持佛名號求生西方者，必先勸信因果報應，諸惡莫作，眾善奉行。然後乃云「仗佛慈力，帶業往生。」而《地藏本願經》中，廣明因果報應，至爲詳盡。凡我同仁，常應讀誦《地藏本願經》，依教奉行，以資淨業。倘未能深信因果報應，不在倫常道德上切實注意，則豈僅生西未能，抑亦三途有分。今者竊本斯意，普勸修淨業者，必須深信因果，常檢點平時所作所爲之事。眞誠懺悔，努力改過。復進而修持五戒十善等，以爲念佛之助行，而作生西之資糧。

● 惡業昭彰，
惟恐不查。

五、吾人修淨業者，倘能於現在環境之苦樂順逆一切放下，無所掛礙。依苦境而消除身見，以逆緣而堅固淨願，則誠甚善。但如是者，千萬人中罕有一二。因吾人處於凡夫地位，雖知隨分隨力修習淨業，而於身心世界猶未能徹底看破，衣食住等不能不有所需求，水火刀兵饑饉等天災人禍亦不能不有所顧慮。倘生活困難，災患頻起，即於修行作大障礙也。今若能歸信地藏菩薩者，則無此慮。依《地藏經》中所載，能令吾人衣食豐足，疾疫不臨，家宅永安，所求遂意，壽命增加，虛耗辟除，出入神護，離諸災難等。古德云，身安而後道隆。即是之謂。此爲普勸修淨業者，應歸信地藏之要旨也。

● 當念慈悲，
多懷感激。

以上略述持誦《地藏經》之旨趣。義雖未能詳盡，亦可窺其梗概。惟冀淨宗道侶，廣爲傳佈。於《地藏經》至心持誦，共獲勝益焉。

普勸淨宗道侶兼持誦地藏經

南無栴檀佛

南無毘盧遮那佛

法界源流圖（局部）

略述印光大師之盛德
在泉州檀林福林寺念佛期講

●謙卑為本，
本立道生。

　　大師為近代之高僧，眾所欽仰。其一生之盛德，非短時間所能敘述。今先略述大師之生平，次略舉盛德四端，僅能於大師種種盛德中，粗陳其少分而已。

一、略述大師之生平
　　大師為陝西人。幼讀儒書，二十一歲出家，三十三

李叔同說佛

100

歲居普陀山，歷二十年，人鮮知者。至一九一一年，師五十二歲時，始有人以師文隱名登入上海《佛學叢報》者。一九一七年，師五十七歲，乃有人刊其信稿一小冊。至一九一八年，師五十八歲，即余出家之年，是年春，乃刊《文鈔》一冊，世遂稍有知師名者。以後續刊《文鈔》二冊，又增爲四冊，於是知名者漸衆。有通信問法者，有親至普陀參禮者。一九三〇年，師七十歲，移居蘇州報國寺。此後十年，爲弘法最盛之時期。一九三七年，戰事起，乃移靈岩山，遂興念佛之大道場。一九四〇年十一月初四日生西。生平不求名譽，他人有作文讚揚師德者，輒痛斥之。不貪蓄財物，他人供養錢財者至多，師以印佛書流通，或救濟災難等。一生不畜剃度弟子，而全國僧衆多欽服其教化。一生不任寺中住持、監院等職，而全國寺院多蒙其護法。各處寺房或寺產，有受人占奪者，師必爲盡力設法以保全之。故綜觀師之一生而言，在師自己，決不求名利恭敬，而於實際上，能令一切衆生皆受莫大之利益。

二、略舉盛德之四端

大師盛德至多，今且舉常人之力所能隨學者四端，略說述之。因師之種種盛德，多非吾人所可及，今所舉之四端，皆是至簡至易，無論何人，皆可依此而學也。

（一）習勞

大師一生，最喜自作勞動之事。余於一九二四年曾到普陀山，其時師年六十四歲，余見師一人獨居，事事

●勞動是佛為人定下的生活方式，敢不恭敬？

躬自操作，別無侍者等爲之幫助。直至去年，師年八十歲，每日仍自己掃地、拭几、擦油燈、洗衣服。師既如此習勞，爲常人的模範，故見人有懶惰懈怠者，多誡勸之。

　　（二）惜福

　　大師一生，於惜福一事最爲注意。衣食住等，皆極簡單粗劣，力斥精美。一九二四年，余至普陀山，居七日，每日自晨至夕，皆在師房內觀察師一切行爲。師每日晨食僅粥一大碗，無菜。師自云：「初至普陀時，晨食有鹹菜，因北方人吃不慣，故改爲僅食白粥，已三十餘年矣。」食畢，以舌舐碗，至極淨爲止。復以開水注入碗中，滌蕩其餘汁，即以之漱口，旋即咽下，惟恐輕棄殘餘之飯粒也。至午食時，飯一碗，大眾菜一碗。師食之，飯菜皆盡。先以舌舐碗，又注入開水滌蕩以漱口，與晨食無異。師自行如是，而勸人亦極嚴厲。見有

●一粥一飯，當思來處不易。

客人食後，碗內剩飯粒者，必大呵曰：「汝有多麼大的福氣？竟如此糟蹋！」此事常常有，余屢聞及人言之。又有客人以冷茶潑棄痰桶中者，師亦呵誡之。以上且舉飯食而言。其他惜福之事，亦均類此也。

　　（三）注重因果

　　大師一生最注重因果，嘗語人云：「因果之法，爲救國救民之急務。必令人人皆知現在有如此因，將來即有如此果，善有善報，惡有惡報。欲挽救世道人心，必須於此入手。」大師無論見何等人，皆以此理痛切言之。

●無人可逃，帝王概莫能外。

（四）專心念佛

　　大師雖精通種種佛法，而自行勸人，則專依念佛法門。師之在家弟子，多有曾受高等教育及留學歐美者。而師決不與彼等高談佛法之哲理，惟一一勸其專心念佛。彼弟子輩聞師言者，亦皆一一信受奉行，決不敢輕視念佛法門而妄生疑議。此蓋大師盛德感化有以致之也。

　　以上所述，因時間短促，未能詳盡，然即此亦可略見大師盛德之一斑。若欲詳知，有上海出版之印光大師永思集，泉州各寺當有存者，可以借閱。今日所講者止此。

●德力如此巨大，敢不積德？

維摩大士

文殊問疾

南無栴檀佛

法界源流圖（局部）

爲性常法師掩關筆示法則

●念佛之事，
難在一心不
亂，惟誠而
已。

李叔同說佛

106

　　古人掩關皆爲專修禪定或念佛，若研究三藏則不限
定掩關也。仁者此次掩關，實爲難得之機會。應於每日
時間，以三分之二專念佛誦經（或默閱但不可生分別
心），以三分之一時間溫習戒本羯磨及習世間文字。因
機會難可再得，不於此時專心念佛，以後恐無此勝緣。
至於研究等事，在掩關時雖無甚成績，將來出關後，盡
可緩緩研究也。念佛一事，萬不可看得容易，平日學教

之人，若令息心念佛，實第一困難之事，但亦不得不勉強而行也。此事至要至要，萬不可輕忽。誦經之事可以如常。又每日須拜佛若干拜，既有功德，亦可運　身體也。念佛時亦宜數數經行，因關中運　太少，食物不宜消化，故宜禮拜經行也。念佛之事，一人甚難行，宜與義俊法師協定課程，二人同時行之，可以互相策勵，不致懈怠中止也。

課程大致如下：早粥前念佛，出聲或默念隨意。

早粥後稍休息。禮佛誦經。九時至十一時研究。午飯後休息。二時至四時研究（研究時間每日以四小時為限不可多）。四時半起禮佛誦經。黃昏後專念佛。晚間可以不點燈，惟佛前供琉璃燈可耳。

三年之中，可與義俊法師講戒本及表記羯磨六遍。每半年講一遍。自己既能溫習，亦能令他人得益。昔南山律祖，尚聽律十二遍未嘗厭倦，何況吾等鈍根之人耶？戒本羯磨能十分明瞭，且記憶不忘，將來出關之後，再學行事鈔等非難事矣。世俗文字略學四書及歷史等。學生字典宜學全部，但若鮮暇，不妨缺略，因此等事，出關之後仍可學習也。若念佛等，出關之後，恐難繼續，惟在關中，能專心也。又在閉關時宜注意者如下。

不可閒談，不晤客人，不通信。（有十分要事，寫一紙條交與護關者。）

凡一切事，盡可俟出關後再料理也，時機難得，光陰可貴，念之！念之！

余既無道德，又乏學問。今見仁者以誠懇之意，諄諄請求，故略據拙見拉雜書此，以備採擇。性常關主慧察。乙亥四月一日演音書印。

●神聖佛儀不可亂。

●在最重要的時候，做最重要的事。

●有輕重就必有取捨。

為性常法師掩關筆示法則

107

法界源流圖（局部）

佛法大意
戊寅年六月十九日在漳州七寶寺講

● 隨喜。

　　我至貴地，可謂奇巧因緣。本擬住半月返廈。因變住此，得與諸君相晤，甚可喜。

　　先略說佛法大意。

　　佛法以大菩提心為主。菩提心者，即是利益眾生之心。故信佛法者，須常抱積極之大悲心，發救濟一切眾生之大願，努力作利益眾生之種種慈善事業。乃不愧為佛教徒之名稱。

李叔同說佛

110

若專修淨土法門者，尤應先發大菩提心。否則他人謂佛法是消極的、厭世的、送死的。若發此心者，自無此誤會。

● 須得發自本心。

至於作慈善事業，尤要。既爲佛教徒，即應努力作利益社會之種種事業。乃能令他人瞭解佛教是救世的、積極的。不起誤會。

● 為使衆生得法，義不容辭。

或疑經中常言空義，豈不與前說相反。

今案大菩提心，實具有悲智二義。悲者如前所說。智者不執著我相，故曰空也。即是以無我之偉大精神，而做種種之利生事業。

若解此意，而知常人執著我相而利益眾生者，其能力薄、範圍小、時不久、不徹底。若欲能力強、範圍大、時間久、最徹底者，必須學習佛法，瞭解悲智之義，如是所作利生事業乃能十分圓滿也。故知所謂空者，即是於常人所執著之我見，打破消滅，一掃而空。然後以無我之精神，努力切實作種種之事業。亦猶世間行事，先將不良之習慣等一一推翻，然後良好建設乃得實現也。

今能瞭解佛法之全系統及其眞精神所在，則常人謂佛教是迷信是消極者，固可因此而知其不當。即謂佛教爲世界一切宗教中最高尚之宗教，或謂佛法爲世界一切哲學中最玄妙之哲學者，亦未爲盡理。

●必由之路，憑悟可知。

因佛法是眞能：

說明人生宇宙之所以然。

破除世間一切謬見，而與以正見。破除世間一切迷信，而與以正信。惡行，而與以正行。幻覺，而與以正覺。

氣度要宏言動要謹

心志要苦意趣要樂

●拙華

心志要苦，意趣要樂；
氣度要宏，言動要謹。

李叔同　說
佛

包括世間各教各學之長處，而補其不足。

廣被一切衆生之機，而無所遺漏。

不僅中國，現今如歐美諸國人，正在熱烈地研究及提倡。出版之佛教書籍及雜誌等甚多。

故望已爲佛教徒者，須徹底研究佛法之眞理，而努力實行，俾不愧爲佛教徒之名。其未信佛法者，亦宜虛心下氣，盡力研究，然後於佛法再加以評論。此爲余所希望者。

以上略說佛法大意畢。

又當地信士，因今日爲菩薩誕，欲請解釋南無觀世音菩薩之義。茲以時間無多，惟略說之。

南無者，梵語。即歸依義。

菩薩者，梵語，爲菩提薩之省文。菩提者覺，薩者衆生。因菩薩以智上求佛法，以悲下化衆生，故稱爲菩提薩。此以悲智二義解釋，與前同也。

觀世音者，爲此菩薩之名。亦可以悲智二義分釋。如《楞嚴經》云：由我觀聽十方圓明，故觀音名遍十方界。約智言也。如《法華經》云：苦惱衆生一心稱名，菩薩即時觀其音聲，皆得解脫，以是名觀世音。約悲言也。

金剛勇識菩薩

南無祕密至普賢

法界源流圖（局部）

南無秘密互普賢　　地藏菩薩　　文殊菩薩

法界源流圖（局部）

授三歸依大意
癸酉五月在萬壽岩講

●通向智慧、真理、解脫之路。

第一章·三歸之略義

三歸者，歸依於佛法僧三寶也。

三寶義甚廣，有種種區別。今且就常人最易瞭解者，略舉之。

佛者，如釋迦牟尼佛、阿彌陀佛等諸佛是也。法者，為佛所說之法，或菩薩等依據佛意所說之法，即現今所流傳之大小乘經律論三藏也。僧者，如菩薩聲聞諸

聖賢眾、下至僅剃髮被袈裟者皆是也。

歸依者，歸向依賴之意。

歸依於三寶者，乞三寶救護也。《大方便佛報恩經》云：譬人獲罪於王，投向異國以求救護。異國王言，汝來無畏，但莫出我境，莫違我教，必相救護，眾生亦爾。係屬於魔，有生死罪。歸向三寶，以求救護。若誠心歸依，更無異向，不違佛教，魔王邪惡，無如之何。

- 既已歸依於佛，自今以後，決不再依天仙神鬼一切諸外道等。
- 既已歸依於法，自今以後，決不再依諸外道典籍。
- 既已歸依於僧，自今以後，決不再依於不奉行佛法者。

第二章‧授三歸之方法

一、懺悔。二、正授三歸。三、發願迴向。

應先請授者詳力解釋此三種文義。因僅讀文而未解義，不能獲諸善法也。

正授三歸之文有多種，常所用者如下：

- 我某甲，盡形壽，歸依佛、歸依法、歸依僧。三說。
- 我某甲，歸依佛竟、歸依法竟、歸依僧竟。三結。

前三說時，已得歸依善法。後三結者，重更叮嚀令不忘失也。

●正道一視同仁，慈心廣布。

無事時戒一偷字，有事時戒一亂字。

無事時戒一偷字，
有事時戒一亂字。

●殷切之至。

李叔同說佛

懺悔文及發願迴向文，由授者酌定之。但發願迴向，應有以此功德，迴向眾生，同生西方，齊成佛道之意。萬不可惟求自利也。

● 甘願捨盡形骸，惟求眾生解脫。

第三章・授三歸之利益

經律論中，讚歎歸依三寶功德之文甚多。今略舉四則。《灌頂經》云：受三歸者，有三十六善神，與其無量諸眷屬，守護其人令其安樂。《善生經》云：若人受三歸，所得果報，不可窮盡。如四大寶藏（四寶者：金、銀、琉璃、玻璃），舉國人民，七年之中，運出不盡。受三歸者，其福過彼，不可稱計。《較量功德經》云：若三千大千世界，滿中如來，如稻麻竹葦。若人四事供養（飲食、衣服、臥具、湯藥），滿二萬歲，諸佛滅後，各起寶塔，復以香花供養，其福甚多，不如有人以清淨心，歸依佛法僧三寶所得功德。《大集經》云：妊娠女人，恐胎不安，先授三歸已，兒無加害；乃至生已，身心具足，善神擁護。是母受兼資於子也。

● 心至善，福自高，要在無一毫利己。

第四章・結誥

在本寺正式講律，至今日圓滿。今日所以聚集緇素諸眾，講三歸大意者，一以備諸師參考，俾他日為人授三歸時，知其簡要之方法也。一以教諸在家人，令彼等了知三歸之大意，俾已受者，能了此意，應深自慶幸。其未受者，先能了知此意，且為他日依師受三歸之基礎也。

● 廣種福田。

南無資益金剛藏

法界源流圖（局部）

敬三寶
癸酉閏五月五日在泉州大開元寺講

●具言細微，以求度人。

　　三寶者，佛法僧也。其義甚廣，今惟舉其少分之義耳。今言佛者，且約佛像而言，如木石等所雕塑及紙畫者也。

　　今言法者，且約經律論等書冊而言，或印刷或書寫也。

　　今言僧者，且約當世凡夫僧而言，因菩薩羅漢等附入敬佛門也。

李叔同說佛

120

一、敬佛略舉常人所應注意者數條

禮佛時宜洗手漱口，至誠恭敬，緩緩而拜，不可急忙，寧可少拜，不可草率。佛几清潔，供香端直，供佛之物，以烹調精美人所能食者為宜。今多以食物之原料及罐頭而供佛者殊為不敬，益大師大悲咒行法中曾痛斥之。又供佛宜在午前，不宜過午也。供水果亦宜午前。供水宜捧奉式。供花，花瓶水宜常換。

紙畫之佛像，不可僅以綾裱，恐染蠅糞等穢物也（少蠅者或可）。宜裝入玻璃鏡中。

木石等雕塑者，小者應入玻璃龕中，大者應作寶蓋罩之，並須常拂拭像上之塵土。

凡大殿及供佛之室中，皆不宜踞坐笑談。如對於國王大臣乃至賓客之前尚應恭敬，慎護威儀，何況對佛像耶！不可佛前曬衣服，宜偏側。不得在殿前用夜壺水澆花。若臥室中供佛像者，眠時應以淨布遮障。

● 佛有心度我，我當捨生以報。

二、敬法略舉常人所應注意者數條

讀經之時，必須洗手漱口拭几，衣服整齊，威儀嚴肅，與禮佛時無異。益大師云：展卷如對活佛，收卷如在目前，千遍萬遍，寤寐不忘，如是乃能獲讀經之實益也。

對於經典應十分恭敬護持，萬不可令其汙損。又翻篇時宜以指腹輕輕翻之，不可以指爪劃，又不應折角，若欲記志，以紙片夾入可也。

若經典殘缺者亦不可燒。臥室中幾上置經典者，眠時應以淨布蓋之。

附每日誦經時儀式：

●解脫生命全憑此經，自當愛惜。

禮佛——多少不拘。

贊佛——經偈或「天上天下無如佛」等，「阿彌陀佛身金色」等。「爐香乍爇」不是佛贊。

供養——願此香華雲等。

讀經——

迴向——不拘，或用我此普賢殊勝行等。

三、敬僧略舉常人所應注意者數條

●僧的背後，是佛普度眾生的苦心。

凡剃髮披袈裟者，皆是釋迦佛子，在家人見之，應一例生恭敬心，不可分別持戒破戒。

若皈依三寶時，禮一出家人為師而作證明者，不可妄云皈依某人。因所皈依者為僧，非皈依某一人，應於一切僧眾，若賢若愚，生平等心，至誠恭敬，尊之為師，自稱弟子。則與皈依僧伽之義，乃符合矣。

供養僧者亦爾。不可專供有德者，應於一切僧生平等心，普遍供之，乃可獲極大之功德也。專贈一人功德小，供眾者功德大。

●當靜查己過，勿論人非。

出家人若有過失，在家人聞之，萬不可輕言。此為佛所痛誡者，最宜慎之。

以上已略言敬三寶義竟。茲附有告者，廈門泉州神廟甚多，在家人敬神，每用豬雞等物。豈知神皆好善而惡殺，今殺豬雞等物而供神，神不受享，又安能降福而消災耶。惟願自今以後，痛革此種習慣，凡敬神時，亦一例改用素食，則至善矣。

社嚩哩佛母

摩利支菩薩

法界源流圖（局部）

法界源流圖（局部）

淨土法門大意
壬申十月在廈門妙釋寺講

　　今日在本寺演講，適值念佛會期。故爲說修淨土宗者應注意的幾項。

　　修淨土宗者，第一須發大菩提心。《無量壽經》中所說三輩往生者，皆須發無上菩提之心。《觀無量壽佛經》亦云，欲生彼國者，應發菩提心。

　　由是觀之，惟求自利者，不能往生。因與佛心不相應，佛以大悲心爲體故。

常人謂淨土宗惟是送死法門（臨終乃有用），豈知淨土宗以大菩提心為主。常應抱積極之大悲心，發救濟眾生之宏願。

修淨土宗者，應常常發代眾生受苦心。願以一肩負擔一切眾生，代其受苦。所謂一切眾生者，非限一縣一省、乃至全世界。若依佛經說，如此世界之形，更有不可說不可說許多之世界，有如此之多故。凡此一切世界之眾生，所造種種惡業應受種種之苦，我願以一人一肩之力完全負擔。決不畏其多苦，請旁人分任。因最初發誓願，決定願以一人之力救護一切故。

譬如日。不以世界多故，多日出現。但一日出，悉能普照一切眾生。今以一人之力，負擔一切眾生，亦如是。

以上但云以一人能救一切，是橫說。若就豎說，所經之時間，非一日數日數月數年。乃經不可說不可說久遠年代，盡於未來，決不厭倦。因我願於三惡道中，以身為抵押品，贖出一切惡道眾生。眾生之罪未盡，我決不離惡道，誓願代其受苦。故雖經過極長久之時間，亦決不起一念悔心，一念怯心，一念厭心。我應生十分大歡喜心，以一身承當此利生之事業也。已上講應發大菩提心竟。

至於讀誦大乘，亦是觀經所說。修淨土法門者，固應誦《阿彌陀經》，常念佛名。然亦可以讀誦《普賢行願品》，迴向往生。因經中最勝者，《華嚴經》。《華嚴經》之大旨，不出《普賢行願品》第四十卷之外。此經中說，誦此普賢願王者，能獲種種利益，臨命終時，此願不離，引導往生極樂世界，乃至成佛。故修淨土法

●生命不是用來自私的。

●世人皆是我的親人。

●為利眾生，甘受永刑。

李叔同

佛說

126

門者，常讀誦此《普賢行願品》，最爲適宜也。

　　至於作慈善事業，乃是人類所應爲者。專修念佛之人，往往廢棄世緣，懶作慈善事業，實有未可。因現生能作種種慈善事業，亦可爲生西之資糧也。

　　就以上所說

　　第一勸大家應發大菩提心。否則他人將謂淨土法門是小乘、消極的、厭世的、送死的。

　　復勸常讀《行願品》，可以助發增長大菩提心。若發心者，自無此譏評。

　　至於作慈善事業尤要。因既爲佛徒，即應努力作利益社會種種之事業，乃能令他人瞭解佛教是救世、積極的。不起誤會。

　　關於淨土宗修持法，於諸書皆詳載，無俟贅陳。故惟述應注意者數事，以備諸君參考。

●擁有完全利他的生命。

惡莫大於無恥
過莫大於多言

弘一書

惡莫大於無恥，
過莫大於多言。

●要言不繁。

維摩大士

法界源流圖（局部）

淨宗問辨
乙亥二月於萬壽岩講

古德撰述，每設問答，遣除疑惑，翼贊淨土，厥功偉矣。宋代而後，迄於清初，禪宗最盛，其所致疑多原於此。今則禪宗漸衰，未勞攻破。而復別有疑義，盛傳當時。若不商榷，或致詿亂。故於萬壽講次，別述所見，冀息時疑。匪曰好辨，亦以就正有道耳。

問：當代弘揚淨土宗者，恆謂專持一句彌陀，不須復學經律論等，如是排斥教理，偏贊持名，豈非主張太

過耶？

答：上根之人，雖有終身專持一句聖號者，而決不應排斥教理。若在常人，持名之外，須於經律論等隨力兼學，豈可廢棄。且如靈芝疏主，雖撰義疏盛讚持名，然其自行亦復深研律藏，旁通天臺法相等，其明證矣。

問：有謂淨土宗人，率多拋棄世緣，其信然歟？

答：若修禪定或止觀或密咒等，須謝絕世緣，入山靜習。淨土法門則異於是。無人不可學，無處不可學，士農工商各安其業，皆可隨分修其淨土。又於人事善利群眾公益一切功德，悉應盡力集積，以為生西資糧，何可云拋棄耶！

問：前云修淨業者不應排斥教理拋棄世緣，未審出何經論？

答：經論廣明，未能具陳，今略舉之。《觀無量壽佛經》云：欲生彼國者當修三福。一者、孝養父母，奉事師長，慈心不殺，修十善業。二者、受持三歸，具足眾戒，不犯威儀。三者、發菩提心，深信因果，讀誦大乘，勸進行者。如此三事，名為淨業，乃是過去、未來、現在三世諸佛淨業正因。《無量壽經》云：發菩提心，修諸功德，植諸德本，至心迴向，歡喜信樂，修菩薩行。《大寶積經發勝志樂會》云：佛告彌勒菩薩言：菩薩發十種心。一者、於諸眾生，起於大慈，無損害心。二者、於諸眾生，起於大悲，無逼惱心。三者、於佛正法，不惜身命，樂守護心。四者、於一切法，發生勝忍，無執著心。五者、不貪利養，恭敬尊重，淨意樂心。六者、求佛種智，

● 需一門有成，方可隨力旁通。

● 不受人世執著牽引，方可有成。

● 要在不可勉強逼迫，使佛自然顯現。

淨宗問辨

131

於一切時，無忘失心。七者、於諸眾生，尊重恭敬，無下劣心。八者、不著世論，於菩提分，生決定心。九者、種諸善根，無有雜染，清淨之心。十者、於諸如來，捨離諸相，起隨念心。若人於此十種心中，隨成一心，樂欲往生極樂世界，若不得生，無有是處。

問：菩薩應常處娑婆，代諸眾生受苦。何故求生西方？

答：靈芝疏主初出家時，亦嘗堅持此見，輕謗淨業。後遭重病，色力痿羸，神識迷茫，莫知趣向。既而病瘥，頓覺前非，悲泣感傷，深自克責，以初心菩薩未得無生法忍。志雖洪大，力不堪任也。《大智度論》云：具縛凡夫有大悲心，願生惡世救苦眾生無有是處。譬如嬰兒不得離母。又如弱羽只可傳枝。未證無生法忍者，要須常不離佛也。

●真心傾慕，竭力相隨。

問：法相宗學者欲見彌勒菩薩，必須求生兜率耶？

答：不盡然也。彌勒菩薩乃法身大士，塵塵剎剎同時等遍。兜率內院有彌勒，極樂世界亦有彌勒，故法相宗學者不妨求生西方。且生西方已、並見彌陀及諸大菩薩，豈不更勝？《華嚴經普賢行願品》云：到已，即見阿彌陀佛、文殊師利菩薩、普賢菩薩、觀自在菩薩、彌勒菩薩等。又《阿彌陀經》云：其中多有一生補處，其數甚多，非是算數所能知之，但可以無量無邊阿僧祇說。眾生聞者，應當發願，願生彼國。所以者何？得與如是諸上善人俱會一處。據上所引經文，求生西方最為殊勝也。故慈恩教主窺基大師曾撰《阿彌陀經通贊》三卷及疏一卷，普勸眾生同歸極樂，遺範具在，的可依承。

●重點在於修得無漏。

李叔同 說佛

132

問：兜率近而易生，極樂遠過十萬億佛土，若欲往生不慕難歟？

答：《華嚴經普賢行願品》云：一剎那中，即得往生極樂世界。《靈芝彌陀義疏》云：十萬億佛土，凡情疑遠，彈指可到。十方淨穢同一心故，心念迅速不思議故。由是觀之，無足慮也。

問：聞密宗學者云，若惟修淨土法門，念念求生西方，即漸漸減短壽命，終至夭亡。故修淨業者，必須兼學密宗長壽法，相輔而行，乃可無慮。其說確乎？

答：自古以來，專修淨土之人，多享大年，且有因念佛而延壽者。前說似難信也。又既已發心求生西方，即不須顧慮今生壽命長短，若顧慮者必難往生。人世長壽不過百年，西方則無量無邊阿僧祇劫。智者權衡其間，當知所輕重矣。

問：有謂彌陀法門，專屬送死之教，若藥師法門，生能消災延壽，死則往生東方淨剎，豈不更善？

答：彌陀法門，於現生何嘗無有利益，具如經論廣明，今且述余所親聞事實四則證之，以息其疑。

　　一、瞽目重明。嘉興范古農友人戴君，曾卒業於上海南洋中學，忽爾雙目失明，憂鬱不樂。古農乃勸彼念阿彌陀佛，並介紹居住平湖報本寺，日夜一心專念。如是年餘，雙目重明

如故。此事古農為余言者。

二、沉屙頓愈。海鹽徐蔚如旅居京師，屢患痔疾，經久不愈。曾因事遠出，乘人力車磨擦顛簸，歸寓之後，痔乃大發，痛徹心髓，經七晝夜不能睡眠，病已垂危。因憶華嚴十迴向品代眾生受苦文，依之發願。後即一心專念阿彌陀佛，不久遂能安眠，醒後痔疾頓愈，迄今已十數年，未曾再發。此事蔚如嘗與印光法師言之。余復致書詢問，彼言確有其事也。

三、冤鬼不侵。四川釋顯真，又字西歸。在家時歷任縣長，殺戮土匪甚多。出家不久，即住寧波慈溪五磊寺，每夜夢見土匪多人，血肉狼藉，兇暴憤怒，執持槍械，向其索命。遂大恐懼，發勇猛心，專念阿彌陀佛，日夜不息，乃至夢中亦能持念。夢見土匪，即念佛號以勸化之。自是夢中土匪漸能和馴，數月以後，不復見矣。余與顯真同住最久，常為余言其往事，且歎念佛功德之不可思議也。

四、危難得免。溫州吳璧華勤修淨業，行住坐臥，恆念彌陀聖號。十一年壬戌七月下旬，溫州颶風暴雨，牆屋倒壞者甚多。是夜璧華適臥牆側，默念佛號而眠。夜半，牆忽傾圯，磚礫泥土墜落遍身，家人疑已壓斃，相率奮力除去磚土，見璧華安然無恙，猶念佛號不輟。察其顏面以至肢體，未有毫髮損傷，乃大驚歎，共感佛恩。其時余居溫州慶福寺，風災翌日，璧華親至寺中向余言之。璧華早歲奔走革命，後信佛法，於北京溫州杭州及東北各省盡力弘揚佛化，並主辦賑濟慈善諸事，臨終之際，持念佛號，諸根悅豫，正念分明。及大殮時，頂門猶溫，往生極樂，可無疑矣。

法界源流圖（局部）

法界源流圖（局部）

勸人聽鐘念佛文

近有人新發明聽鐘念佛之法，至為奇妙。今略述其方法如下，修淨業者，幸試用之；並希以是廣為傳播焉。

凡座鐘掛鐘行動之時，若細聽之，作丁當丁當之響（丁字響重，當字響輕）。即依此丁當丁當四字，設想作阿彌陀佛四字。或念六字佛者，以第一丁字為「南無」，第一當字為「阿彌」，第二丁字為「陀」，第二

●純是度世善心。

當字爲「佛」。亦止用丁當丁當四字而成之也。又倘以其轉太速，而欲遲緩者。可加一倍，用丁當丁當丁當丁當八字，假想作阿彌陀佛四字，即是每一丁當爲一字也。或念六字佛者，以第一丁當爲「南無」，第二丁當爲「阿彌」，第三丁當爲「陀」，第四丁當爲「佛」也。所用之鐘，宜擇丁當丁當速度調勻者用之。又欲其音響輕微者，可以布類覆於其上。（如晝間欲其響大者，將布撤去。夜間欲其音響輕者，將布覆上。）

初學念佛者若不持念珠記數，最易懈怠間斷。若以此鐘時常隨身，倘有間斷，一聞鐘響，即可警覺也。又在家念佛者，居室附近，不免喧鬧，若攝心念佛，殊爲不易。今以此鐘置於身旁，用耳專聽鐘響，其他喧鬧之聲，自可不至擾亂其耳也。又聽鐘工夫能純熟者，則丁當丁當之響，即是阿彌陀佛之聲。鐘響佛聲，無二無別。鐘響則佛聲常現矣。

普陀印光法師《覆永嘉論月律師函》云：「凡夫之心，不能無依，而娑婆耳根最利。聽自念佛之音亦親切。但初機未熟，久或昏沉，故聽鐘念之，最爲有益也。」

注：此文原載《世界居士林林刊》第十七期，題上有「論月大師」四字。「論月」即老人別署。老人盛倡此法，而閱者不多，謹錄於此。

●震破迷津。

李叔同說佛

嘎納嘎咻喇鈒難尊者

嘎納嘎巴薩尊者

法界源流圖（局部）

法界源流圖（局部）

萬壽岩念佛堂開堂演詞
甲戌八月

今日萬壽禪寺念佛堂開堂，余得參末席，深爲榮幸。近十數年來，閩南佛法日益隆盛，但念佛堂尙未建立，悉皆引爲憾事。今由本寺住持本妙法師發願創建，開閩南風氣之先。大眾歡喜，歎爲稀有。本妙法師英年好學，親近興慈法主講席已歷多載。於天臺教義及淨土法門悉能貫通。故今本其所學，建念佛堂弘揚淨土，可謂法門之龍象，僧中之芬陀矣。

●盛讚弘法之人。

今念佛堂既已成立。而欲如法進行，維持永久，胥賴護法諸居士有以匡輔而助理之。

考江浙念佛堂規則，約分二端。一為長年念佛，二為臨時念佛。

長年念佛者，齋主供設延生或薦亡牌位，堂中住僧數人乃至數十人，每日念佛數次。

臨時念佛者，齋主或因壽誕或因保病或因薦亡，臨時念佛一日，乃至多日，此即是水陸經懺之變相。

以上二端中，長年念佛尚易實行。因規模大小可以隨時變通，勉力支援猶可為也。若臨時念佛，實行至為困難。因舊日習慣，惟尚做水陸誦經拜懺放焰口等。今遽廢此習慣，改為念佛，非易事也。

印光老法師文鈔中，屢言念佛勝於水陸經懺等。今略引之。《與徐蔚如書》云：

至於七中，及一切時，一切事，俱宜以念佛為主。何但喪期。以現今僧多懶惰，誦經則不會者多。而又其快如流，會而不熟亦不能隨念。縱有數十人，念者無幾。惟念佛則除非不發心，決無不能念之弊。又縱不肯念，一句佛號入耳經心，亦自利益不淺，此余決不提倡作余道場之所以也。又《復黃涵之書》，數通中，皆言及此。文云：

至於保病薦亡，今人率以誦經拜懺做水陸為事。余與知友言，皆令念佛。以念佛利益。多於誦經拜懺做水陸多多矣。何以故？誦經則不識字者不能誦，即識字而快如流水，稍鈍之口舌亦不能誦，懶人雖能亦不肯誦，則成有名無實矣。拜懺做水陸亦可例推。念佛則無一人不能念者，即懶人不肯念，而大家一口同音念，彼不塞

●悲眾生之不悟。

●惟求利他。

李叔同
佛說

142

其耳，則一句佛號固已歷歷明明灌於心中，雖不念與念亦無異也。如染香人，身有香氣，非特欲香，有不期然而然者，爲親眷保安薦亡者皆不可不知。又云：至於作佛事，不必念經拜懺做水陸，以此等事，皆屬場面，宜專一念佛，俾令郎等亦始終隨之而念，女眷則各於自室念之，不宜附於僧位之末。如是則不但尊夫人令眷實獲其益，即念佛之僧並一切見聞無不獲益也。凡作佛事，主人若肯臨壇，則僧自發眞實心，倘主人以此爲具文，則僧亦以此爲具文矣。又云：做佛事一事，余前已詳言之，祈勿徇俗徒作虛套，若念四十九天佛，較誦經之利益多多矣。

又《復周孟由昆弟書》云：

做佛事，只可念佛，勿做別佛事，並令全家通皆懇切念佛，則於汝母，於汝等諸眷屬及親戚朋友，皆有實益。又云：請僧念七七佛甚好。念時，汝兄弟必須有人隨之同念。

統觀以上印光老法師之言，於念佛則盡力提倡，於做水陸誦經拜懺放焰口等，則云決不提倡。又云念佛利益多於誦經拜懺做水陸多多矣。又云誦經拜懺做水陸有名無實。又云念經拜懺做水陸等事皆屬場面。又云徒作虛套。老法師悲心深切，再三告誡，智者聞之，詳爲審察，當知何去何從矣。廈門泉州諸居士，歸依印光老法師者甚衆。惟望懷遵師訓，努力勸導諸親友等，自今以後，決定廢止拜懺誦經做水陸等，一概改爲念佛。若能如此實行，不惟閩南各寺念佛堂可以維持永久，而閩南諸邑人士信仰淨土法門者日衆，往生西方者日多，則皆現前諸居士勸導之功德也。幸各勉旃！

●痛疾虛浮。

●渴望殷切。

萬壽岩念佛堂開堂演詞

143

藥師如來法門略錄
戊寅七月在泉州清塵堂講

　　藥師法門依據《藥師經》而建立。此土所譯《藥師經》有四種：

　　（一）《佛說灌頂拔除過罪生死得脫經》一卷，即《大灌頂神咒經》卷十二，東晉帛尸梨蜜多羅譯。又相傳有劉宋慧簡譯《藥師琉璃光經》一卷，今已佚失，或云即是東 所譯之《灌頂經》。

　　（二）佛說《藥師如來本願經》一卷，隋達摩笈多

譯。

（三）《藥師琉璃光如來本願功德經》一卷，唐玄
奘譯。此即現今流通本所據之譯本。現今流通本與原譯
本稍有不同者有增文兩段，一爲依東晉譯本補入之八大
菩薩名，二爲依唐義淨譯本補入神咒及前後文二十餘
行。

●詳辨爲本。

（四）《藥師琉璃光七佛本願功德經》二卷，唐義
淨譯。前數譯惟述藥師佛，此譯復增六佛，故云《七佛
本願功德經》，以外增加之文甚多。西藏僧眾所讀誦者
爲此本。

修持之法具如經文所載，今且舉四種如下：

●務求至善。

（一）持名，經中屢云聞名持名，因其法最爲簡易
其所獲之益亦最爲廣大也。今人持名者皆曰消災延壽藥
師佛似未盡善，佛名惟舉藥師二字未能具足。佛德惟舉
消災延壽四字亦多所缺略，故須依據經文而曰藥師琉璃
光如來斯爲最妥善矣。

（二）供養，如香華幡燈等。

（三）誦經，及演說開示書寫等。

（四）持咒。

所獲利益廣如經文所載，今且舉十種如下：

（一）速得成佛，經中屢言之。

（二）行邪道者令入正道，行小乘者令入大乘。

（三）能得種種戒，又犯戒者還得清淨不墮惡趣。

（四）得長壽富饒官位男女等。

（五）得無盡，所受用物無所乏少。

（六）一切痛苦皆除，水火刀兵盜賊刑戮諸災難等
悉免。

（七）轉女成男。

（八）產時無苦，生子聰明少病。

（九）命終後隨其所願往生：

    1. 人中，得大富貴。

    2. 天上，不復更生諸惡趣。

    3. 西方極樂世界，有八大菩薩接引。

    4. 東方淨琉璃世界。

（十）在惡趣中暫聞佛名即生人道修諸善行速證菩提。

靈感事蹟甚多如舊錄所載，今且舉近事一則如下：

泉州承天寺覺圓法師，於未出家時體弱多病，既出家後二年之內病苦纏綿諸事不順。後得聞藥師如來法門，遂專心誦經持名懺悔，精勤不懈，迄至於今，身體康健，諸事順利。法師近擬編輯藥師聖典彙集，凡經文疏釋及儀軌等，悉搜集之，刊版流布，以報佛恩焉。

跋

曩余在清塵堂講藥師如來法門，後由諸善友印施講錄，其時經他人輾轉鈔寫，頗有訛誤。茲由覺圓法師捐資再版印行，請余校正原稿，廣為流布。法師出家以來，於藥師法門最為信仰，近擬於泉州興建大藥師寺，其願力廣大，尤足令人讚歡云。

沙門一音

●以大方便度眾生。

●廣揚人善。

聲名，謗之媒也；
歡樂，悲之漸也。

148

尊者迦葉

阿必達尊者

法界源流圖（局部）

法界源流圖（局部）

藥師法門修持課儀略錄

己卯二月在泉州光明寺講

藥師如來法門大略，如大藥師寺已印行之《藥師如來法門略錄》所載。

今所述者，爲吾人平常修持簡單之課儀。若正式供養法，乃至以五色縷結藥叉神將名字法等，將來擬別輯一卷專載其事，今不述及。

欲修持藥師如來法門者，應供藥師如來像。上海佛學書局有石印彩色之像，可以供奉，宜裝入玻璃鏡中。

●心敬為誠。

供像之處，不可在臥室。若不得已，在臥室中供奉者，睡眠之時，宜以淨布覆蓋像上。

藥師經，供於几上。不讀誦時，宜以淨布覆蓋。

供佛像之室內，須十分潔淨，每日宜掃地，並常常拂試几案。

供佛之香，須擇上等有香氣者。

供佛之花，須擇開放圓滿者，若稍殘萎，即除去。花瓶之水，宜每日更換。若無鮮花時，可用紙製者代之。

●謹守儀禮謝
佛恩。

此外如供淨水供食物等，隨各人意。但所供食物，須人可食者乃供之，若未熟之水果及未烹調之蔬菜等皆不可供。

以上所舉之供物，應於禮佛之前預先供好。凡在佛前供物或禮佛時，必須先洗手漱口。

此外如能懸幡燃燈尤善，無者亦可。

以下略述修持課儀，分為七門。其中禮敬讚歎供養迴向發願，必須行之。誦經持名持咒，可隨己意，或惟修二法，或僅修一法，皆可。

一、禮敬

十方三寶一拜，或分禮佛法僧三拜。本師釋迦牟尼佛一拜。藥師琉璃光如來三拜。此外若欲多拜，或兼禮敬其他佛菩薩者，隨己意增加。

●全心嚮往。

禮敬之時，須至誠恭敬，緩緩拜起。萬不可匆忙。寧可少拜，不可草率。

二、讚歎

禮敬既畢，於佛前長跪合掌，唱讚偈云：

李叔同 佛說

152

歸命滿月界淨妙琉璃尊

法藥救人天因中十二願

慈悲弘誓廣願度諸含生

我今申讚揚志心頭面禮

上贊偈出藥師如來消災除難念誦儀軌。

唱讚之時，聲宜遲緩，宜莊重。

●全心讚美。

三、供養

贊歎既畢，於佛前長跪合掌，唱供養偈云：

願此香花雲遍滿十方界

一一諸佛土無量香莊嚴

具足菩薩道成就如來香

供養畢，或隨己意增誦懺悔文，或可略之。

●願力至誠。

四、誦經

字音不可訛誤，宜詳考之。

誦經時，或跪或立或坐或經行皆可。

五、持名

先唱贊偈云：

藥師如來琉璃光焰網莊嚴無等倫

無邊行願利有情各遂所求皆不退

續云，南無東方淨琉璃世界藥師琉璃光如來。以後即

持念藥師琉璃光如來名號一百八遍。若欲多念者，隨意。

● 願取法藥師，遍利衆生。

六、持咒

或據經中譯音持念，或別依師學梵文原音持念，皆

可。

　　或念全咒一百八遍。或先念全咒七遍，繼念心咒一百八遍，後復念全咒七遍。心咒者，即是咒中字以下之文。

　　未經密宗阿黎傳授，不可結手印。擅結者，有大罪。

　　持咒時，不宜大聲，惟令自己耳中得聞。

　　持咒時，以坐為正式，或經行亦可。

七、迴向發願

　　迴向與發願大同，故今並舉。其稍異者，迴向須先修功德，再以此功德迴向，惟願如何云云。若先未作功德者，僅可云發願也。

　　迴向發願，為修持者最切要之事。若不迴向，則前所修之功德，無所歸趣。今修持藥師如來法門者，迴向之願，各隨己意。凡藥師經中所載者，皆可發之，應詳閱經文，自適其宜可耳。

　　以上所述之修持課儀，每日行一次或二次三次。必須至心誠懇，未可潦草塞責。印光老法師云：有一分恭敬，得一分利益，有十分恭敬，得十分利益。吾人修持藥師如來法門者，應深味斯言，以自求多福也。

●嚴謹。

見事貴乎理明
處事貴乎心公

見事貴乎理明，
處事貴乎心公。

●有恭敬心，無利益心。

且推窗看中庭月，影過東牆第幾磚。

道信大師

僧璨大師

慧可大師　　　達摩大師　　　尊者阿難

法界源流圖（局部）

藥師如來法門一斑

己卯四月在永春普濟寺講王世英記

●謙虛在前。

今天所講，就是深契時機的藥師如來法門。我近年來，與人談及藥師法門時，所偏注重的有幾樣意思，今且舉出，略說一下。

藥師法門甚為廣大，今所舉出的幾樣，殊不足以包括藥師法門的全體，亦只說是法門之一斑了。

一、維持世法

　　佛法本以出世間為歸趣，其意義高深，常人每難瞭解。若藥師法門，不但對於出世間往生成佛的道理屢屢言及，就是最淺近的現代實際上人類生活亦特別注重。如經中所說：「消災除難，離苦得樂，福壽康寧，所求如意，不相侵陵，互為饒益」等，皆屬於此類。就此可見佛法亦能資助家庭社會的生活，與維持國家世界的安寧，使人類在這現生之中即可得到佛法的利益。

　　或有人謂佛法是消極的、厭世的、無益於人類生活的，聞以上所說藥師法門亦能維持世法，當不至對於佛法再生種種誤解了。

●佛法圓融一切。

二、輔助戒律

　　佛法之中，是以戒為根本的，所以佛經說：「若無淨戒，諸善功德不生。」但是受戒容易，得戒為難，持戒不犯更為難。今若能依照藥師法門去修持力行，就可以得到上品圓滿的戒。假使於所受之戒有毀犯時，但能至心誠懇持念藥師佛號並禮敬供養者，即可消除犯戒的罪，還得清淨，不至再墮落在三惡道中。

●佛法為一切眾生開闢未來。

三、決定生西

　　佛法的宗派非常之繁，其中以淨土宗最為興盛。現今出家人或在家人修持此宗，求生西方極樂世界者甚多。但修淨土宗者，若再能兼修藥師法門，亦有資助決定生西的利益。依《藥師經》說：「若有眾生能受持八關齋戒，又能聽見藥師佛名，於其臨命終時，有八位大菩薩來接引往西方極樂世界眾寶蓮花之中。」依此看來，

書有未曾經我讀
事無不可對人言

李叔同 說

書有未曾經我讀，
事無不可對人言。

藥師雖是東方的佛，而也可以資助往生西方，能使吾人獲得決定往生西方的利益。

再者。吾人修淨土宗的，倘能於現在環境的苦樂順逆一切放下，無所掛礙，則固至善。但是切實能夠如此的，千萬人中也難得一二。因為我們是處於凡夫的地位，在這塵世之時，對於身體衣食住處等，以及水火刀兵的天災人禍，在在都不能不有所顧慮，倘使身體多病，衣食住處等困難，又或常常遇著天災人禍的危難，皆足為用功辦道的障礙。若欲免除此等障礙，必須兼修藥師法門以為之資助，即可得到《藥師經》中所說「消災除難離苦得樂」等種種利益也。

四、速得成佛

《藥師經》，決非專說世間法的。因藥師法門，惟是一乘速得成佛的法門。所以經中屢云：「速證無上正等菩提，速得圓滿」等。

若欲成佛，其主要的原因，即是「悲智」兩種願心。《藥師經》云：「應生無垢濁心，無怒害心，於一切有情起利益安樂慈悲喜舍平等之心」就是這個意思。前兩句從反面轉說，「無垢濁心」就是智心，「無怒害心」就是悲心。下一句正說，「舍」及「平等之心」就是智心，餘屬悲心。悲智為因，菩提為果，乃是佛法之通途。凡修持藥師法門者，對於以上幾句經文，尤宜特別注意，盡力奉行。

假使不如此，僅僅注意在資養現實人生的事，則惟獲人天福報，與夫出世間之佛法了無關係。若是受戒，也不能得上品圓滿的戒。若是生西，也不能往生上品。

　　所以我們修持藥師法門的，應該把以上幾句經文特別注意，依此發起「悲智」的弘願。假使如此，則能以出世的精神來做世間的事業，也能得上品圓滿的戒，也能往生上品，將來速得成佛可無容疑了。

　　藥師法門甚為廣大，上所述者，不過是我常對人講的幾樣意思。將來暇時，尚擬依據全部經義，編輯較完備的藥師法門著作，以備諸君參考。

　　最後，再就持念藥師佛名的方法，略說一下。念佛名時，應依經文，念曰「南無藥師琉璃光如來」，不可念消災延壽藥師佛。

人好剛我以柔勝之
人用術我以誠感之

人好剛，我以柔勝之；
人用術，我以誠感之。

●不忘謙卑。

法界源流圖（局部）

常隨佛學

●學佛之心。

《華嚴經行願品》末卷所列十種廣大行願中，第八曰常隨佛學。若依華嚴經文所載種種神通妙用，決非凡夫所能隨學。但其他經律等，載佛所行事，有爲我等凡夫作模範，無論何人皆可隨學者，亦屢見之。今且舉七事。

一、佛自掃地

《根本說一切有部毗奈耶雜事》云：世尊在逝多林。

李叔同說佛

164

見地不淨，即自執帚，欲掃林中。時舍利子大目犍連大迦葉阿難陀等，諸大聲聞，見是事已，悉皆執帚共掃園林。時佛世尊及聖弟子掃除已。入食堂中，就座而坐。佛告諸比丘。凡掃地者有五勝利。一者自心清淨。二者令他心清淨。三者諸天歡喜。四者植端正業。五者命終之後當生天上。

● 以品德感召。

二、佛自舁（音餘，即共扛抬也）弟子及自汲水

《五分律》，《佛制飲酒戒緣起》云：婆伽陀比丘、以降龍故，得酒醉。衣鉢縱橫。佛與阿難舁至井邊。佛自汲水、阿難洗之等。

●利他不捨小事。

三、佛自修房

《十誦律》云：佛在阿羅毗國。見寺門楣損，乃自修之。

四、佛自洗病比丘及自看病

《四分律》云：世尊即扶病比丘起，拭身不淨。拭已洗之。洗已復爲浣衣曬乾。有故壞臥草棄之。掃除住處，以泥漿塗灑，極令清淨。更敷新草，並敷一衣。還安臥病比丘已，復以一衣覆上。

《西域記》云：祇桓東北有塔，即如來洗病比丘處。

又云：如來在日，有病比丘，含苦獨處。佛問：汝何所苦？汝何獨居？答曰：我性疏懶不耐看病，故今嬰疾無人瞻視。佛潸而告曰：善男子！我今看汝。

●服侍衆生。

五、佛爲弟子裁衣

《中阿含經》云：佛親爲阿那律裁三衣。諸比丘同時爲連合，即成。

六、佛自爲老比丘穿針

此事知者甚多。今以忘記出何經律，不及檢查原文。僅就所記憶大略之義錄之。佛在世時，有老比丘補衣。因目昏花，未能以線穿針孔中。乃歎息曰：誰當爲我穿針。佛聞之，即立起曰：我爲汝穿之等。

七、佛自乞僧舉過

是爲佛及弟子等結夏安居竟，具儀自恣時也。《增一阿含經》云：佛坐草座（即是離本座，敷草於地而坐也。所以爾者，恣僧舉過，捨驕慢故）告諸比丘言：我無過咎於衆人乎？又不犯身口意乎？如是至三。

靈芝律師云：如來亦自恣者，示同凡法故，垂範後世故，令衆省己故，使折我慢故。

如是七事，冀諸仁者勉力隨學。遠離驕慢，增長悲心，廣植福業，速證菩提。是爲余所希願者耳！

李叔同
佛說

舍利寶塔　　　梵王

泉州開元慈兒院講錄

戊寅二月吳棲霞記

　　我到閩南，已有十年，來到貴院，也有好幾回，一回到院，都覺得有一番進步，這是使我很喜歡的。貴院各種課程，都有可觀，其最使我滿意讚歎的，就是早晚兩堂課誦。古語道：人身難得，佛法難聞。諸生倘非夙有善根，怎得來這裡讀書，又復得聞佛法哩！今這樣，眞是好極了。諸生得這難得機緣，應各各起歡喜心，深自慶幸才是。

●一語點醒。

我今講本師釋迦牟尼佛在因地中爲法捨身幾段故事給諸位聽，現在先引《涅經》一段來說。釋迦牟尼佛在無量劫前，當無佛法時代，曾作婆羅門，這位婆羅門，品格清高，與衆不同，發心訪求佛法。那時忉利天王在天宮瞧見，要試此婆羅門，有無眞心，化爲羅刹鬼，狀極兇惡，來與婆羅門說法，但是僅說半偈（印度古代的習慣以四句爲一偈）。婆羅門聽了羅刹鬼所說的半偈很喜歡，要求羅刹再說後半偈，羅刹不肯。婆羅門力求，羅刹便向婆羅門道：「你要我說後半偈，也可以，你應把身上的血給我飲，身上的肉給我吃，才可許你。」婆羅門爲求法故，即時答應道：「我甚願將我身上的血肉給你。」羅刹以婆羅門既然誠懇地允許，便把後半偈說給他聽。婆羅門得聞了後半偈，眞覺心滿意足，不特自己歡喜，並且把這偈書寫在各處，遍傳到人間去。婆羅門在各處樹木山岩上書寫此四句偈後，爲維持信用，便想應如何把自己肉血給羅刹吃呢？他就要跑上一棵很高很高的樹上，跳躍下來，自謂可以喪了身命，便將血肉給羅刹吃。羅刹那時，看婆羅門不惜身命求法，心中十分感動，當婆羅門在高處捨身躍下，未墜地時，羅刹便現了天王的原形把他接住，這婆羅門因得不死。羅刹原係忉利天王所化，欲試試婆羅門的，今見婆羅門求法如此誠懇，自然是十分歡喜讚歎。若在婆羅門因志求無上正法，雖棄捨身命亦何所顧惜呢！剛才所說：婆羅門如此求法困難，不惜身命。諸位現在不要捨身，而很容易地得聞佛法，眞是大可慶幸呀！

　　還有一段故事，也是《涅經》上說。過去無量劫時候，釋迦牟尼佛，爲一很窮困的人，當時有佛出世，見

●捨命求法。

李叔同　佛說

人皆先供養佛然後求法，己則貧窮無錢可供，他心生一計，願以身賣錢來供佛，就到大街上去賣自己的身體。當在大街上喊賣身時，恰巧遇一病人，醫生叫他每日應吃三兩人肉，那病人看見有人賣身，便十分歡喜，因向貧人說：「你每日給我三兩人肉吃，我可以給你五枚金錢！」這位窮人，聽了這話，與那病人商洽說：你先把五枚金錢拿來，我去買東西供養佛，求聞佛法，然後每日把我身上的肉割下給你吃。當時病人應允，即先付金錢。這窮人供佛聞法已畢，即天天以刀割身上的三兩肉給病人吃，吃到一個月，病才痊癒。當窮人每天割肉的時候，他常常念佛所說的偈，精神完全貫注在法的方面，竟如沒有痛苦，而且不久他的身體也就平復無恙了。這窮人因求法之故，發心做難行的苦行有如此勇猛。諸生現今在這院裡求學，早晚皆得聞佛法，不但每日無須割去若干肉，而且有衣穿，有飯吃，這豈不是很難得的好機緣嗎？

　　再講一段故事，出於《賢愚經》。釋迦牟尼佛在因地時候，有一次身為國王，因厭惡終其身居於國王位，沒有什麼好處，遂發心求聞佛法。當時來了一位婆羅門，對這國王說：「王要聞法，可能把身體挖一千個孔，點一千盞燈來供養佛嗎？若能如此，便可為你說法。」那國王聽婆羅門這句話，便慨然對他說：「這有何難，為要聞法，情願捨此身命，但我現有些少國事未了，容我七天，把這國事交下著落，便就實行。」到第七天，國事辦完，王便欲在身上挖千個孔，點千盞燈，那時全國人民知道此事，都來勸阻。謂大王身為全國人民所依靠，今若這樣犧牲，全國人民將何所賴呢？國王

●苦痛不入於心。

說：「現在你們依靠我，我為你們做依靠，不過是暫時，是靠不住的，我今求得佛法，將來成佛，當先度化你們，可為你們永遠的依靠，豈不更好，請大家放心，切勿勸阻。」那時國王馬上就實行起來。呼左右將身上挖了一千孔，把油盛好，燈心安好，欣然對婆羅門說：「請先說法，然後點燈。」婆羅門答應，就為他說法。國王聽了，無限地滿足，便把身上一千盞燈，齊點起來，那時萬眾驚駭呼號。國王乃發大誓願道：「我為求法，來捨身命，願我聞法以後，早成佛道，以大智慧光普照一切眾生。」這聲音一發，天地都震動了，燈光晃耀之下，諸天現前，即問國王：「你身體如此痛苦，你心裡也後悔嗎？」國王答：「絕不後悔。」後來國王復向空中發誓言：「我這至誠求法之心，果能永久不悔，願我此身體即刻回復原狀。」話說未已，至誠所感，果然身上千個火孔，悉皆平復，並無些少創痕。剛才所說，聞法有如此艱難，諸生現在聞法則十分容易，豈不是諸生有大幸福嗎！自今以後，應該發勇猛精進心，勤加修習才是！

以前我曾居住開元寺好幾次，即住在貴院的後面，早晚聞諸生念佛念經很如法，音聲亦甚好聽，每站在房門外聽得高興。因各種課程固好，然其他學校也是有的，獨此早晚二堂課誦，是其他學校所無，而貴院所獨有的，此皆是貴院諸職教員善於教導，和你們諸位努力，才有這十分美滿的成績，我希望貴院，今後能夠繼續精進努力不斷地進步，規模益擴大，為全國慈兒院模範，這是我最後殷勤的希望。

●當求永久的依靠。

●以善與人。

李叔同說佛

172

大勝金剛抉

改習慣

癸酉在泉州承天寺講

吾人因多生以來之夙習，及以今生自幼所受環境之薰染，而自然現於身口者，名曰習慣。

習慣有善有不善，今且言其不善者。常人對於不善之習慣，而略稱之曰習慣。今依俗語而標題也。

在家人之教育，以矯正習慣為主。出家人亦爾。但近世出家人，惟尚談玄說妙。於自己微細之習慣，固置之不問。即自己一言一動，極粗顯易知之習慣，亦罕有

加以注意者。可痛歎也。

余於三十歲時，即覺知自己惡習慣太重，頗思盡力對治。出家以來，恆戰戰兢兢，不敢任情適意。但自愧惡習太重，二十年來，所矯正者百無一二。

自今以後，願努力痛改。更願有緣諸道侶，亦皆奮袂興起，同致力於此也。

吾人之習慣甚多。今欲改正，宜依如何之方法耶？若臚列多條，而一時改正，則心勞而效少，以余經驗言之，宜先舉一條乃至三四條，逐日努力檢點，既已改正，後再逐漸增加可耳。

●不必貪多，但求實效。

今春以來，有道侶數人，與餘同研律學，頗注意於改正習慣。數月以來，稍有成效，今願述其往事，以告諸公。但諸公欲自改其習慣，不必盡依此數條，盡可隨宜酌定。余今所述者、特爲諸公作參考耳。

學律諸道侶，已改正習慣，有七條。

一、食不言。現時中等以上各寺院，皆有此制，故改正甚易。

二、不非時食。初講律時，即由大眾自己發心，同持此戒。後來學者亦爾。遂成定例。

三、衣服樸素整齊。或有舊制，色質未能合宜者，暫作內衣，外罩如法之服。

●要在發心盡力。

四、別修禮誦等課程。每日除聽講、研究、抄寫、及隨寺眾課誦外，皆別自立禮誦等課程，盡力行之。或有每晨於佛前跪讀《法華經》者，或有讀《華嚴經》者，或有讀《金剛經》者，或每日念佛一萬以上者。

五、不閒談。出家人每喜聚眾閒談，虛喪光陰，廢弛道業，可悲可痛！今諸道侶，已能漸除此習。每於食

李叔同 佛說

176

山到成名畢竟高。

後、或傍晚、休息之時，皆於樹下簷邊，或經行、或端坐、若默誦佛號、若朗讀經文、若默然攝念。

六、不閱報。各地日報，社會新聞欄中，關於殺盜淫妄等事，記載最詳。而淫欲諸事，尤描摹盡致。雖無淫欲之人，常閱報紙，亦必受其薰染，此為現代世俗教育家所痛慨者。故學律諸道侶，近已自己發心不閱報紙。

七、常勞動。出家人性多懶惰，不喜勞動。今學律諸道侶，皆已發心，每日掃除大殿及僧房簷下，並奮力作其他種種勞動之事。

以上已改正之習慣，共有七條。

尚有近來特實行改正之二條，亦附列於下：

一、食碗所剩飯粒。印光法師最不喜此事。若見剩飯粒者，即當面痛訶斥之。所謂施主一粒米、恩重大如山也。但若爛粥爛麵留滯碗上，不易除去者，則非此限。

二、坐時注意威儀。垂足坐時、雙腿平列。不宜左右互相翹架，更不宜聳立或直伸。余於在家時，已改此習慣。且現代出家人普通之威儀，亦不許如此。想此習慣不難改正也。

總之，學律諸道侶，改正習慣時，皆由自己發心。決無人出命令而禁止之也。

178

放生與殺生之果報

癸酉五月十五日在泉州大開元寺講

今日與諸君相見，先問諸君：（一）欲延壽否？（二）欲愈病否？（三）欲免難否？（四）欲得子否？（五）欲生西否？

倘願者。今有一最簡便易行之法奉告。即是放生也。

古今來，關於放生能延壽等之果報事蹟甚多。今

每門各舉一事，為諸君言之。

一、延壽

張從善，幼年，嘗持活魚，刺指痛甚。自念我傷一
指，痛楚如是。群魚剔腮剖腹，斷尾剖鱗，其痛如何？
特不能言耳。遂盡放之溪中，自此不復傷一物，享年
九十有八。

二、愈病

●憫物之心可
久長。

杭州葉洪五，九歲時，得惡夢，驚寤，嘔血滿床，
久治不癒。先是彼甚聰穎，家人皆愛之，多與之錢，已
積數千緡。至是，其祖母指錢曰：「病至不起，欲此何
為？」盡其所有，買物放生，及錢盡，病遂全癒矣。

三、免難

●解除心中世
俗掛念。

嘉興孔某，至一親戚家。留午餐，將殺雞供饌。孔
力止之，繼以誓，遂止。是夕宿其家，正搗米，懸石杵
於杇梁之上。孔臥其下。更餘、已眠。忽有雞來啄其頭，
驅去復來，如是者三。孔不勝其擾，遂起覓火逐之。甫
離席，而杵墜，正在其首臥處。孔遂悟雞報恩也。每舉
以告人，勸勿殺生。

●物物有靈，
皆有回報之
心。

四、得子

杭州，楊墅廟，甚有靈感。紹興人倪玉樹，赴廟求
子。願得子曰，殺豬羊雞鵝等謝神。夜夢神告曰，汝欲
生子，乃立殺願何耶？倪叩首乞示。神曰：爾欲有子，

物亦欲有子也。物之多子者莫如魚蝦螺等，爾盍放之！倪自是見魚蝦螺等，即買而投之江。後果連產五子。

五、生西

　　湖南張居士，舊業屠，每早宰豬，聽鄰寺曉鐘聲爲準。一日忽無聲。張問之，僧云：夜夢十一人乞命，謂不鳴鐘可免也。張念所欲宰之豬，適有十一子。遂乃感悟。棄屠業，皈依佛法。勤修十餘年，已得神通，知去來事。預告命終之日，端坐而逝。經謂上品往生，須慈心不殺，張居士因戒殺而得往生西方，決無疑矣。

　　以上所言，且據放生之人今生所得之果報。若據究竟而言，當來決定成佛。因佛心者，大慈悲是，今能放生，即具慈悲之心，能植成佛之因也。

　　放生之功德如此。則殺生所應得之惡報，可想而知，無須再舉。因殺生之人，現生即短命、多病、多難、無子及不得生西也。命終之後，先墮地獄、餓鬼、畜生，經無量劫、備受眾苦。地獄、餓鬼之苦，人皆知之。至生於畜生中，即常常有怨仇返報之事。昔日殺牛羊豬雞鴨魚蝦等之人，即自變爲牛羊雞鴨魚蝦等。昔日被殺之牛羊豬雞鴨魚蝦等，或變爲人，而返殺害之。此是因果報應之理，決定無疑，而不能倖免者也。

　　既經無量劫，生三惡道，受報漸畢。再生人中，依舊短命、多病、多難、無子及不得生西也。以後須再經過多劫，漸種善根，能行放生戒殺諸善事，又能勇猛精勤懺悔往業，乃能漸離一切苦難也。

　　抑余又有爲諸君言者。上所述殺牛羊豬雞鴨魚蝦，

●將心比心。

●慈心還宿業。

●欠命還什麼？

放生與殺生之果報

183

● 不 可 起 殺
心。

乃舉其大者而言。下至極微細之蒼蠅蚊蟲臭蟲跳蚤蜈蚣
壁虎蟻子等，亦決不可害損。倘故意殺一蚊蟲，亦決定
獲得如上所述之種種苦報。斷不可以其物微細而輕忽之
也。

　　今日與諸君相見，余已述放生與殺生之果報如此苦
樂不同。惟願諸君自今以後，力行放生之事，痛改殺生
之事。余嘗聞人云：泉州近來放生之法會甚多，但殺生
之家猶復不少。或有一人茹素，而家中男女等仍買雞鴨
魚蝦等之活物任意殺害也。願諸君於此事多多注意。自
己既不殺生，亦應勸一切人皆不殺生。況家中男女等，
皆自己所親愛之人，豈忍見其故造殺業，行將備受大苦，
而不加以勸告阻止耶？諸君勉旃，願悉聽受余之忠言
也。

● 忍見眾生相
屠戮？

李叔同說佛

大樹根柢固，生機永不絕。春來怒抽條，氣象何蓬勃。

【附錄】

格言別錄
弘一法師編訂

●善行甘美酣
暢如斯！

學問類

●為善最樂，讀書便佳。

●茅鹿門云：「人生在世，多行救濟事，則彼之感我，中懷傾倒，浸入肝脾。何幸而得人心如此哉！」

●諸君到此何為，豈徒學問文章，擅一藝微長，便算讀書種子？在我所求亦恕，不過子臣弟友，盡五倫本分，共成名教中人。（廣州香山書院楹聯）

- 何謂至行？曰：庸行。何謂大人？曰：小心。
- 凜閒居以體獨，卜動念以知幾，謹威儀以定命，敦大倫以凝道，備百行以考德，遷善改過以作聖。（劉忠介《人譜》六條）
- 觀天地生物氣象，學聖賢克己工夫。

●取法天地。

存養類

- 自家有好處，要掩藏幾分，這是涵育以養深。別人不好處，要掩藏幾分，這是渾厚以養大。

●德高望自重。

- 以虛養心，以德養身，以仁養天下萬物，以道養天下萬世。
- 一 於欲，欲迷則昏。一任乎氣，氣偏則戾。
- 劉直齋云：「存心養性，須要耐煩耐苦，耐驚耐怕，方得純熟。」
- 寡欲故靜，有主則虛。

●用更高的法理約束、剔除我的惡習。

- 不為外物所動之謂靜，不為外物所實之謂虛。
- 宜靜默，宜從容，宜謹嚴，宜儉約。
- 敬守此心，則心定。斂抑其氣，則氣平。

●圓融無漏。

- 青天白日的節義，自暗室屋漏中培來。旋乾轉坤的經綸，自臨深履薄處得力。
- 謙退是保身第一法，安詳是處世第一法，涵容是待人第一法，恬淡是養心第一法。
- 劉念台云：「涵養，全得一緩字，凡言語、動作皆是。」
- 應事接物，常覺得心中有從容閒暇時，才見涵養。
- 劉念台云：「易喜易怒，輕言輕動，只是一種浮氣用

事，此病根最不小。」

●呂新吾云：「心平氣和四字，非有涵養者不能做，工夫只在個定火。」

●陳榕門云：「定火工夫，不外以理制欲。理勝，則氣自平矣。」

●自處超然，處人藹然。無事澄然，有事斬然。得意淡然，失意泰然。

●氣忌盛，心忌滿，才忌露。

●意粗性躁，一事無成。心平氣和，千祥駢集。

●沖繁地，頑鈍人，拂逆時，紛雜事，此中最好養火。若決烈憤激，不但無益，而事卒以僨，人卒以怨，我卒以無成，是謂至愚。耐得過時，便有無限受用處。

●人性褊急則氣盛，氣盛則心粗，心粗則神昏，乖舛謬戾，可勝言哉？

●以和氣迎人，則乖滅。以正氣接物，則妖氛消。以浩氣臨事，則疑畏釋。以靜氣養身，則夢寐恬。

●輕當矯之以重，浮當矯之以實，褊當矯之以寬，躁急當矯之以和緩，剛暴當矯之以溫柔，淺露當矯之以沉潛，刻當矯之以渾厚。

●尹和靖云：「莫大之禍，皆起於須臾之不能忍，不可不謹。」

●逆境順境看襟度，臨喜臨怒看涵養。

持躬類

●聰明睿知，守之以愚。道德隆重，守之以謙。

●富貴，怨之府也。才能，身之災也。聲名，謗之媒也。歡樂，悲之漸也。

●只是常有懼心，退一步做，見益而思損，持滿而思溢，則免於禍。

●人生最不幸處，是偶一失言，而禍不及；偶一失謀，而事成；偶一恣行，而獲小利。後乃視為故常，而恬不為意。則莫大之患，由此生矣。

●學一分退讓，討一分便宜。增一分享用，減一分福澤。

●常人之福非福。

●不自重者取辱，不自畏者招禍。

●蓋世功勞，當不得一個矜字。彌天罪惡，當不得一個悔字。

●大著肚皮容物，立定腳跟做人。

●事當快意處須轉，言到快意時須住。

●殃咎之來，未有不始於快心者。故君子得意而憂，逢喜而懼。

● 做事心態要如臨深淵、如履薄冰。

●物忌全勝，事忌全美，人忌全盛。

●盡前行者地步窄，向後看者眼界寬。

●花繁柳密處撥得開，方見手段。風狂雨驟時立得定，才是腳跟。

●不經考驗，不見功德。

●人當變故之來，只宜靜守，不宜躁動。即使萬無解救，而志正守確，雖事不可為，而心終可白。否則必致身敗，而名亦不保，非所以處變之道。

●步步占先者，必有人以擠之。事事爭勝者，必有人以挫之。

●安莫安於知足，危莫危於多言。

●行己恭，責躬厚，接眾和，立心正，進道勇。擇友以求益，改過以全身。

●度量如海涵春育，持身如玉潔冰清，襟抱如光風霽

月，氣概如喬岳泰山。

●心不妄念，身不妄動，口不妄言，君子所以存誠。內
不欺己，外不欺人，上不欺天，君子所以愼獨。

●心志要苦，意趣要樂，氣度要宏，言動要謹。

●心術以光明篤實爲第一，容貌以正大老成爲第一，言
語以簡重眞切爲第一。平生無一事可瞞人，此是大
快。

●書有未曾經我讀，事無不可對人言。

●心思要縝密，不可瑣屑。操守要嚴明，不可激烈。

●凡事不可走
極端。

●聰明者戒太察，剛強者戒太暴。

●以情恕人，以理律己。

●以恕己之心恕人，則全交。以責人之心責己，則寡
過。

●痛惡別人
處，多是自家
瘡疤。

●唐荊川云：「須要刻刻檢點自家病痛，蓋所惡於人許
多病痛處，若眞知反己，則色色有之也。」

●以淡字交友，以聾字止謗，以刻字責己，以弱字禦
侮。

●居安慮危，處治思亂。

●事事難上難，舉足常虞失墜。件件想一想，渾身都是
過差。

●怒宜實力消融，過要細心檢點。

●事不可做盡，言不可道盡。

●胡文定公云：「人家最不要事事足意，常有事不足處
方好。才事事足意，便有不好事出來，歷試歷驗。邵
康節詩云：『好花看到半開時。』最爲親切有味。」

●精細者，無苛察之心。光明者，無淺露之病。

●識不足則多慮，威不足則多怒，信不足則多言。

●足恭僞態，禮之賊也。苛察歧疑，智之賊也。

●緩字可以免悔，退字可以免禍。

●渾厚能容。

敦品類

●敦詩書，尚氣節，愼取與，謹威儀，此惜名也。競標
　榜，邀權貴，務矯激，習模棱，此市名也。惜名者，
　靜而休。市名者，躁而拙。辱身喪名，莫不由此。求
　名適所以壞名，名豈可市哉！

處事類

●處難處之事愈宜寬，處難處之人愈宜厚，處至急之事
　愈宜緩。

●必有容，德乃大。必有忍，事乃濟。

●呂新吾云：「做天下好事，既度德量力，又須審勢擇
　人。『專欲難成，衆怒難犯』——此八字，不獨妄
　邪爲者宜愼，雖以至公無私之心，行正大光明之事，
　亦須調劑人情，發明事理，俾大家信從，然後　有
　成，事可久。蓋群情多暗於遠識，小人不便於私己，
　群起而壞之，雖有良法，胡成胡久？」

●正法圓融無礙。

●強不知以爲知，此乃大愚。本無事而生事，是謂薄
　福。

●白香山詩云：「我有一言君記取，世間自取苦人多。」

●無事時，戒一偷字。有事時，戒一亂字。

●劉念台云：「學者遇事不能應，總是此心受病處。只
　有煉心法，更無煉事法。煉心之法，大要只是胸中無
　一事而已。無一事，乃能事事，此是主靜工夫得力
　處。」

●處事大忌急躁，急躁則先自處不暇，何暇治事？

●去私方可成
久大。

●論人當節取其長，曲諒其短。做事必先審其害，後計其利。

●無心者公，無我者明。

接物類

●嚴守春陽，
心愈猛，色愈
柔。

●嚴著此心以拒外誘，須如一團烈火，遇物即燒。寬著此心以待同群，須如一片春陽，無人不暖。

●凡一事而關人終身，縱確見實聞，不可著口。凡一語而傷我長厚，雖閒談戲謔，慎勿形言。結怨仇，招禍害，傷陰騭，皆由於此。

●持己當從無過中求有過，非獨進德，亦且免患。待人當於有過中求無過，非但存厚，亦且解怨。

●遇事只一味鎮定從容，雖紛若亂絲，終當就緒。待人無半毫矯偽欺詐，縱狡如山鬼，亦自獻誠。

●至誠感天
地。

●公生明，誠生明，從容生明。

●公生明者，不敝於私也。誠生明者，不雜以偽也。從容生明者，不淆於惑也。

●窮天下之辯者，不在辯而在訥。伏天下之勇者，不在勇而在怯。

●何以息謗？曰：無辯。何以止怨？曰：不爭。

●不可陷入糾
紛，使自己降
格。

●人之謗我也，與其能辯，不如能容。人之侮我也，與其能防，不如能化。

●張夢復云：「受得小氣，則不至於受大氣。吃得小虧，則不至於吃大虧。」

●又云：「凡事最不可想占便宜。便宜者，天下人之所

李叔同
佛說

194

共爭也。我一人據之，則怨萃於我矣。我失便宜，則眾怨消矣。故終身失便宜，乃終身得便宜也。此余數十年閱歷有得之言，其遵守之，毋忽。余生平未嘗多受小人之侮，只有一善策，能轉彎早耳。」

●忍與讓，足以消無窮之災悔。古人有言：「終身讓路，不失尺寸。」

●以仁義存心，以忍讓接物。

●林退齋臨終，子孫環跪請訓。曰：「無他言，爾等只要學吃虧。」

●任難任之事，要有力而無氣。處難處之人，要有知而無言。

●窮寇不可追也，遁辭不可攻也。

●恩怕先益後損，威怕先鬆後緊。

●先益後損，則恩反為仇，前功盡棄。先鬆後緊，則管束不下，反招怨怒。

●善用威者不輕怒，善用恩者不妄施。

●寬厚者，毋使人有所恃。精明者，不使人無所容。

●輕信輕發，聽言之大戒也。愈激愈厲，責善之大戒也。

●呂新吾云：「愧之則小人可使為君子，激之則君子可使為小人。」

●激之而不怒者，非有大量，必有深機。

●處事須留餘地，責善切戒盡言。

●曲木惡繩，頑石惡攻。責善之言，不可不慎也。

●呂新吾云：「責善要看其人何如，又當盡長善救失之道。無指摘其所忌，無盡數其所失，無對人，無峭

●虧到心平氣和為妙。

●力盡則不暇
他顧，終不圓
滿。

直，無長言，無累言。犯此六戒，雖忠告非善道
矣。」

●又云：「論人須帶三分渾厚。非直遠禍，亦以留人掩
蓋之路，觸人悔悟之機，養人體面之餘，猶天地含蓄
之氣也。」

●仗勢欺人，
總有失勢的一
天。

●使人敢怒而不敢言者，便是損陰騭處。

●凡勸人，不可遽指其過，必須先美其長，蓋人喜則言
易入，怒則言難入也。善化人者，心誠色溫，氣和辭
婉；容其所不及，而諒其所不能；恕其所不知，而體
其所不欲；隨事講說，隨時開導。彼樂接引之誠，而
喜於所好；感督責之寬，而愧其不材。人非木石，未
有不長進者。我若嫉惡如仇，彼亦趨死如鶩，雖欲自
新而不可得，哀哉！

●先哲云：「覺人之詐，不形於言；受人之侮，不動於
色。此中有無窮意味，亦有無限受用。」

●喜聞人過，不如喜聞己過。樂道己善，何如樂道人
善。

●論人之非，當原其心，不可徒泥其跡。取人之善，當
據其跡，不必深究其心。

●以己勝人者
愚，以人責己
者智。

●呂新吾云：「論人情，只向薄處求；說人心，只從惡
邊想。此是私而刻的念頭，非長厚之道也。」

●修己以清心為要，涉世以慎言為先。

●惡莫大於縱己之欲，禍莫大於言人之非。

●施之君子，則喪吾德。施之小人，則殺吾身。（案此
指言人之非者）

●人褊急，我受之以寬宏。人險仄，我待之以坦蕩。

李叔同說佛

196

●持身不可太皎潔，一切汙辱垢穢要茹納得。處世不可太分明，一切賢愚好醜要包容得。

●精明須藏在渾厚裡作用。古人得禍，精明人十居其九，未有渾厚而得禍者。

●德盛者，其心和平，見人皆可取，故口中所許可者多。德薄者，其心刻傲，見人皆可憎，故目中所鄙棄者眾。

●呂新吾云：「世人喜言無好人，此孟浪語也。推原其病，皆從不忠不恕所致，自家便是個不好人，更何暇責備他人乎？」

●律己宜帶秋氣，處世須帶春風。

●盛喜中勿許人物，盛怒中勿答人書。

●喜時之言多失信，怒時之言多失體。

●靜坐常思己過，閒談莫論人非。

●面諛之詞，有識者未必悅心。背後之議，受憾者常若刻骨。

●攻人之惡毋太嚴，要思其堪受。教人以善毋過高，當使其可從。

●事有急之不白者，緩之或自明，毋急躁以速其戾。人有操之不從者，縱之或自化，毋苛刻以益其頑。

●己性不可任，當用逆法制之，其道在一忍字。人性不可拂，當用順法調之，其道在一恕字。

●臨事須替別人想，論人先將自己想。

●欲論人者先自論，欲知人者先自知。

●凡為外所勝者，皆內不足。凡為邪所奪者，皆正不足。

●罵人便是罵己。

●壞態度做不了好事。

● 當勤加反省。

● 今人見人敬慢，輒生喜慍心，皆外重者也。此迷不破，胸中冰炭一生。

● 小人樂聞君子之過，君子恥聞小人之惡。此存心厚薄之分，故人品因之而別。

● 惠不在大，在乎當厄。怨不在多，在乎傷心。

● 毋以小嫌疏至戚，毋以新怨忘舊恩。

● 劉直齋云：「好合不如好散，此言極有理。蓋合者，始也；散者，終也。至於好散，則善其終矣。凡處一事，交一人，無不皆然。」

● 末慮其始，先慮其終，要在盡責而已。

惠吉類

● 群居守口，獨坐防心。

● 造物所忌，曰刻曰巧。萬類相感，以誠以忠。

● 《謙》卦六爻皆吉，恕字終身可行。

● 知足常足，終身不辱。知止常止，終身不恥。

● 取法天地做正人。

● 明鏡止水以澄心，泰山喬嶽以立身，青天白日以應事，霽月光風以待人。

悖凶類

● 盛者衰之始，福者禍之基。（「談玄說妙、修證次第，自以佛書最為詳盡。而我等初學之人，持躬敦品、處世接物等法，雖佛書中亦有說者，但儒書所說，尤為明白詳盡，適於初學。故今多引之，以為吾等學佛法者之一助焉。」—— 摘自弘一法師《改過實驗談》）

小桌呼朋三面坐，留將一面與梅花。

送別

長亭外，古道邊，
芳草碧連天。
晚風拂柳笛聲殘，
夕陽山外山。
天之涯，地之角，
知交半零落；

一杯濁酒盡餘歡，
今宵別夢寒。
長亭外，古道邊，
芳草碧連天。
晚風拂柳笛聲殘，
夕陽山外山。

悲秋

西風乍起黃葉飄，
日夕疏林杪。
花事匆匆，夢影迢迢，
零落憑誰吊。

鏡裡朱顏，愁邊白髮，
光陰催人老，
縱有千金，縱有千金，
千金難買年少。

憶兒時

春去秋來，歲月如流，
遊子尚漂泊。
回憶兒時，家居嬉戲，
光景宛如昨。
茅屋三椽，老梅一樹，
樹底迷藏捉。
高枝啼鳥，小川游魚，
曾把閒情託。
兒時歡樂，斯樂不可作。
兒時歡樂，斯樂不可作。

早秋

十里明湖一葉舟，
城南煙月水西樓，
幾許秋容嬌欲流，
隔著垂楊柳。
遠山明淨眉尖瘦，
閒雲飄忽羅紋縐，
天末涼風送早秋，
秋花點點頭。

月夜

纖雲四卷銀河淨，梧葉蕭疏搖月影；
剪徑涼風陣陣緊，暮鴉棲止未定。
萬里空明人意靜，
呀！是何處，敲徹玉磬，一聲聲清越度幽嶺·
呀！是何處，聲相酬應，是孤雁寒砧並·
想此時此際，幽人應獨醒，倚欄風冷。

春遊

春風吹面薄於紗，
春人妝束淡於畫，
遊春人在畫中行，
萬花飛舞春人下，
梨花淡白菜花黃，
柳花委地芥花香，
鶯啼陌上人歸去，
花外疏鐘送夕陽。

清涼歌

清涼月，
月到天心，光明殊皎潔。
今唱清涼歌，心地光明一笑呵！
清涼風，
涼風解慍，暑氣已無蹤。
今唱清涼歌，熱惱消除萬物和！
清涼水，
清水一渠，滌蕩諸汙穢。
今唱清涼歌，身心無垢樂如何？
清涼，清涼，無上，究竟，真常！

落花

紛，紛，紛，紛，紛，紛，……
惟落花委地無言兮，化作泥塵；
寂，寂，寂，寂，寂，寂，……
何春光長逝不歸兮，永絕消息。
憶春風之日暝，芬菲菲以爭妍；
既乘榮以發秀，倏節易而時遷。
春殘，覽落紅之辭枝兮，傷花事其闌珊；
已矣！春秋其代序以遞嬗兮，俯念遲暮。

榮枯不須臾，盛衰有常數；
人生之浮華若朝露兮，泉壤興衰；
朱華易消歇，青春不再來。

弘一大師行誼大事年表

西元紀年	重要記事
一八八〇	十月二十三日（農曆九月二十日）辰時，生於天津河東區地藏前故居李宅。取名文濤。行列第三。
一八九二	十三歲，攻各朝書法，以魏書爲主，一生從未間斷，終成一格。
一八九八	十九歲，加入上海「城南文社」，開始文學活動。
一八九九	二十歲，攻詩、詞、金石、書、畫、戲劇。在上海藝壇，初露頭角。
一九〇〇	二十一歲，加入「上海書畫家公會」爲會員。
一九〇一	二十二歲，入蔡元培主持之「南洋公學」經濟特科就讀，改名李廣平。
一九〇五	二十六歲，同年初，與許幻園、黃炎培等創辦「滬學會」。撰〈祖國歌〉。八月東渡日本前，塡「金縷曲」留別祖國。年底，辦《音樂小雜誌》，在國內發行。
一九〇六	二十七歲，七月，參加東京「隨鷗吟社」。九月二十九日入上野美專，在上野攻西畫之外，復在音樂專校攻鋼琴，又學西洋戲劇於劇作家藤澤淺二郎之門。是年東，與留學生曾孝谷，組織「春柳劇社」。
一九〇七	二十八歲，二月，因國內兩淮水災，假東京樂座演出《茶花女》；六月，於本鄉座演出《黑奴籲天錄》等名劇，以門票收入賑災，這是中國人演話劇之開端。
一九一一	三十二歲，回國後，在「天津工業專門學校」，任西洋畫教席。
一九一二	三十三歲，與夏丏尊成爲莫逆之交，豐子愷、劉質平、吳夢非、李鴻梁、黃寄慈等爲入室弟子。
一九一三	三十四歲，浙江兩級師範，改爲浙江省立第一師範，公繼續任教本校，五月，編《白陽》中英文專刊。
一九一五	三十六歲，創作校園歌曲：送別、早秋、憶兒時等多首。
一九一六	三十七歲，學佛因緣成熟。
一九一七	三十八歲，春假後，在學校開始素食，供佛像，讀佛經。
一九一八	三十九歲，正月初八，在虎跑寺，皈依了悟上人。
一九二〇	四十一歲，寫《金剛三昧經》、《無常經》、《大乘戒經》等經文。
一九二一	四十二歲，在城下寮（慶福寺）閉關，在關中完成《四分律比丘戒相表記》初稿。
一九二二	四十三歲，正月，在城下寮禮寂山方丈爲依止師。
一九二三	四十四歲，初春，由溫州經杭州、上海，雲遊至衢州，住蓮花寺，刺血寫經。

一九二四	四十五歲，八月，《比丘戒相表記》定稿，青年僧因弘法師侍編。
一九二六	四十七歲，於牯嶺五老峰後青蓮寺，寫《華嚴經十迴向品初迴向章》，為近代寫經傑作。
一九二七	四十八歲，同年底，豐子愷、裘夢痕二生，將師名曲〈朝陽〉、〈憶兒時〉、〈送別〉、〈悲秋〉等二十多首，選入《中文名歌五十曲》一書，為國內各級學校音樂教材。
一九二八	四十九歲，初夏，在溫州大羅山，行誅茆宴坐。七月到十月間，駐錫在上海江灣豐子愷家中，與豐同編《護生畫集》，由豐繪圖，師寫偈語。
一九二九	五十歲，四月，自廈門回溫州，途經福州鼓山，發現清初刻本《華嚴經》及《華嚴疏論篡要》。
一九三〇	五十一歲，全力研究《華嚴》，並寫成《華嚴集聯三百》。
一九三二	五十三歲，十一月自上海去廈門，掛單萬壽巖，與性常法師結法侶之緣，此為第三次去閩南，自此定居。
一九三三	五十四歲，五月，自廈門應轉物老和尚請，去泉州，駐錫開元寺尊勝院。著作律學。
一九三五	五十六歲。三月，去泉州開元寺，講〈一夢漫言〉。十月回泉州承天寺，在戒期中講律，之後在回惠安，住鄉間宏法，寫〈惠安宏法日記〉。
一九三六	五十七歲。正月，從草庵扶病到廈門療養，病中在南普陀養正院講學。
一九三七	五十八歲。在南普陀寺佛教養正院，講〈南閩十年之夢影〉。於青島講《隨機羯磨》。
一九三八	五十九歲。正月至四月，在泉州、惠安、鼓浪嶼宏法，寫字結緣。後受漳州（龍溪）佛教界之請，去漳州宏法，因此羈於漳州，由性常法師接回泉州時，道經安海，弘法一月，而有《安海法音錄》問世。
一九三九	六十歲。二月二十八日，自泉州乘車去永春山中蓬壺鄉普濟頂寺潛居五百七十二天，在此編著律學多種，與外界斷緣。
一九四二	六十三歲。八月十五日、十六日兩天，在溫陵養老院，講《八大人覺經》（這是弘一大師最後一次講經）。九月初四（陽曆十月十三日）安祥圓寂於養老院「晚晴室」。九月十一日下午七十，在承天寺火化。靈骨塔於民國三十五年以後分建於杭州虎跑寺，及泉州清源山彌陀巖。

弘一大師：李叔同說佛 / 李叔同著. -- 初版. -- 臺北市：
八方出版, 2019.10
　　面；　公分
ISBN 978-986-381-207-4(平裝)
1.佛教 2.文集
220.7　　　　　　　　　　　108016387

Why 61
全彩印刷大字版

弘一大師

李叔同說佛

作者／李叔同

插畫／豐子愷

發行人／林建仲

總編輯／賴巧凌

封面設計／王舒玗

國際版權室／本村大資、王韶瑜

出版發行／八方出版股份有限公司

地址／台北市中山區長安東路二段171號3樓3室

電話／(02) 2777-3682

傳真／(02) 2777-3672

郵政劃撥／19809050

戶名／八方出版股份有限公司

總經銷／聯合發行股份有限公司

地址　／231新北市新店區寶橋路235巷6弄6號2樓

電話／(02)2917-8022

傳真／(02) 2915-6275

定價／新台幣 320 元

ISBN／978-986-381-207-4

初版　一刷　2019年10月

Original title:李叔同説佛By李叔同
由中南博集天卷文化傳媒有限公司授權出版 All rights reserved.